JESSICA WILKER

DAS EINMALEINS DER BEZIEHUNGEN

Vom Gleichgewicht
und fairen Lösungen

Theseus in J. Kamphausen Mediengruppe GmbH, Bielefeld
Lektorat: Vera Baschlakow
Illustration: Wayne Sutherland
Umschlaggestaltung und Innensatz: Sabine Schiche, ad department
Druck & Verarbeitung: Westermann Druck Zwickau GmbH

ISBN Printausgabe: 978-3-95883-275-6
ISBN E-Book: 978-3-95883-276-3

www.weltinnenraum.de

1. Auflage der Neuausgabe 2017

Bibliografische Information der Deutschen Nationalbibliothek:
Die Deutsche Nationalbibliothek verzeichnet diese Publikation in der Deutschen Nationalbibliografie; detaillierte bibliografische Daten sind im Internet über http://dnb.d-nb.de abrufbar.

Dieses Buch wurde auf 100% Altpapier gedruckt und ist alterungsbeständig. Weitere Informationen hierzu finden Sie unter www.weltinnenraum.de.

JESSICA WILKER

DAS EINMALEINS DER BEZIEHUNGEN

mit Illustrationen
von Wayne Sutherland

Meinem Vater und meiner Mutter
zum Gedenken

INHALT

BEZIEHUNGEN

Sieh nicht des anderen Verstöße
Nicht was er tat und unterließ.
Sieh, was du selbst getan
Und was du unterlassen hast.

Dhammapada, Vers 50

Beziehungen! Wer von Ihnen, liebe Leserinnen und Leser, hat noch nie im Leben eine Beziehung gehabt? Wahrscheinlich niemand! Wir alle gehen im Verlauf unseres Lebens Beziehungen ein – intensive und oberflächliche, spannungsgeladene und harmonische. Und wer hat sich nicht wegen einer Beziehung schon mal die Haare gerauft? Freudensprünge getan und im siebten Himmel geschwebt? Wir alle, nicht wahr! Beziehungen sind Alptraum und Höhenflug, Nektar und Gift. Und Beziehungen sind das Thema dieses Buches. Doch gehen wir der Reihe nach und blicken zuallererst auf den Anfang.

Kaum tun wir unseren ersten Atemzug, beginnen sie. Unsere Eltern heben uns hoch und rufen staunend: »Mein Kind.« Und schon stehen wir mitten in unserer ersten Beziehung. Ohne Unterbrechung geht es dann weiter. Menschen reden mit uns, lächeln uns zu und fassen uns an. Manchmal berühren sie uns zärtlich, manchmal grob. Die einen halten uns fest, die anderen von sich fern.

Werden wir älter, beginnen wir, selbst Beziehungen einzugehen. Wir haben Freunde und Geliebte, aber auch Feinde und Gegner. Manche unserer Beziehungen sind eng, manche lose. Sie können ein Leben lang dauern, mal nur einen Blick und ein Lächeln lang. Aus den einen möchten wir fliehen, andere wiederum können wir nicht loslassen.

Im Verlauf unseres Lebens werden es immer mehr. Wir haben Beziehungen mit Vorgesetzten und uns Unterstellten, mit Kunden und Verkäufern, mit Nachbarn und Enkelkindern, mit Behörden, mit

Therapeuten, mit Hunden, mit Bäumen – die Liste scheint endlos.

Ob sie mit uns eingegangen werden oder wir sie wählen – Beziehungen gehören also zu unserem Leben. Denn schließlich sind wir nicht allein auf dieser Welt – was eine banale und offensichtliche Feststellung ist, nicht wahr? Trotzdem kann es nicht schaden, sich ab und zu die Tatsachen des Lebens vor Augen zu halten.

Die Beziehungen selbst nun, und dies ist eine weitere Tatsache, können schön sein oder schrecklich. Wir brauchen uns nur in der Welt umzusehen, um dies zu erkennen. Wir stellen bald fest, dass manche Menschen in ihren Beziehungen leiden, andere wiederum glücklich sind.

Wir müssen aber gar nicht so weit suchen, da diese Tatsache auch für unser eigenes Leben gilt. Dort kommt es nämlich vor, dass Menschen, mit denen wir in Beziehung stehen, nett zu uns sind, zuweilen aber auch nicht. So werden wir mal beglückt, mal frustriert.

Wenn wir freundlich behandelt werden, fühlen wir uns wohl, wollen andere uns hingegen übel, bereitet uns das Kummer. Sicherlich haben Sie das eine wie das andere schon selbst erlebt. Nun ist es aber so, dass die Qualität unserer Beziehungen nicht ausschließlich vom Wohl- oder Übelwollen der anderen abhängt. Ob eine Beziehung gut ist oder schlecht, hängt ebenso sehr von uns selbst ab.

In eine Beziehung sind nämlich immer zwei involviert: das Ich und das Du. Und in deren Wechselspiel entwickeln sich Beziehungen. Sie sind gleichsam der Raum zwischen den beiden Seiten und enthalten alle Gefühle, Worte und Taten, die ich und du austauschen.

So ist es offensichtlich, dass Beziehungen von meinem wie von deinem Verhalten geprägt werden. Es ist auch klar, dass das Glück oder Leid, das wir beide erfahren, eben so sehr von mir abhängt, wie auch davon, in welcher Art und Weise du mir begegnest. Dies ist eine weitere Tatsache des Lebens.

Doch wie verhalten wir uns tatsächlich im Umgang mit anderen? Was meinen Sie, sind wir perfekt? Immer nett und selbstlos? Beglücken nur und schaden nie? Behandeln wir andere wirklich respektvoll? Sind wir niemals neidisch oder geizig, selbstsüchtig oder verletzend? Haben wir immer alles im Griff? Wohl kaum.

Sie stimmen sicher zu, dass wir alle unsere Schwachstellen haben. Die einen sind unhöflich, die anderen lassen ihre Wut an Wehrlosen aus. Manchen fällt es schwer, sich durchzusetzen, andere wiederum können sich nicht wehren.

So verschieden unsere Schwächen aber auch sein mögen, eines haben sie alle gemeinsam: sie wirken sich negativ auf unsere Beziehungen aus. Der Austausch zwischen dem Ich und dem Du leidet unter unklugem, unangemessenem oder bösartigem Verhalten. Ich leide. Du leidest. Die Beziehung leidet.

Dieses Buch möchte gern dazu beitragen, dass solche Leiden vermindert werden können und Glück in Beziehungen gefördert wird. Doch dazu bedarf es Ihrer Mithilfe. Denn, wie Sie gesehen haben, bestimmt unser eigener Umgang mit dem Du, ob wir Glück ernten oder Unglück. Wollen wir also Leiden vermindern, müssen wir selbst aktiv werden.

Manche mögen an diesem Punkt einwenden, dass dies doch ein wenig blauäugig sei. Es läge ja schließlich nicht in unserer Hand, was das Du macht. Fügt es uns Leid zu, nun, dann müssen wir eben leiden. Sicher haben sie Recht. Niemand wird leugnen, dass das Du auf uns wirkt, dass es uns erfreuen, aber auch schaden kann. Werden wir zum Beispiel gelobt, freut uns das. Beschuldigt uns jemand ungerechterweise, ist dies bestimmt unangenehm.

So gibt es Menschen auf der Welt, denen wir lieber aus dem Weg gehen, wie auch solche, die wir nicht mehr missen möchten. Dies ist eine weitere Tatsache des Lebens, die zu akzeptieren nützlich sein kann.

Nichtsdestotrotz: Auch wenn uns andere beeinflussen können, haben wir es immer noch in der Hand, *wie* wir auf ihr Verhalten antworten wollen. So können wir zum Beispiel auf eine Beschuldigung mit Wut und Angriff reagieren, mit Verletzung und Rückzug, aber auch mit Selbstsicherheit und Ruhe. Hier wird deutlich, dass unsere Reaktion die Beziehung prägen wird, im Guten wie im Schlechten.

Es liegt also doch wieder in unserer Hand, wie sich eine Beziehung gestaltet – unabhängig vom Verhalten unseres Gegenübers. Denn nur wir allein sind für unsere Reaktionen verantwortlich. Kein Mensch kann uns zum Beispiel zwingen: »Reagiere auf meine Anschuldigung mit Angriff.« Er kann uns lediglich reizen, provozieren, verführen oder drohen –

die Entscheidung aber, sich so oder anders zu verhalten, liegt ganz allein bei uns.

Wir haben also sehr viel Einfluss auf die Qualität unserer Beziehungen. Deshalb wäre es gewiss keine schlechte Strategie, diesen Einfluss auch auszuüben – gerade wenn wir in unseren Beziehungen leiden und sie verbessern möchten.

Natürlich gibt es auch andere Strategien. Anstatt bei sich selbst zu beginnen, kann man versuchen, das Du zu ändern. Diese Strategie kann zum Beispiel darin bestehen, zu belehren, zu jammern, zu klagen, zu beschuldigen, zu manipulieren, zu überreden, zu bedrohen, zu bestrafen, anzugreifen und ähnliches mehr. Dass diese Strategie das Verhalten unseres Gegenübers tatsächlich ändert, ist durchaus möglich. Es gilt aber zu fragen, wie und zu welchem Preis.

Die Antworten dazu, liebe Leserinnen und Leser, werden Ihnen selbst überlassen. In diesem Buch wird einfach der Standpunkt vertreten, dass es die bessere Strategie sei, die Dinge

selbst in die Hand zu nehmen, da wir dadurch die volle Verantwortung für unser Leben übernehmen und zudem nicht zu unguten Mitteln greifen müssen.

Wenn Sie nun Lust verspüren oder es sogar an der Zeit finden, Ihren Einfluss wahrzunehmen, um selbst aktiv werden zu können, dann möchte dieses Buch Ihnen dabei helfen.

Hierzu darf aber nicht unerwähnt bleiben, dass es nicht das einzige ist, das Ratschläge zur Pflege von Beziehungen anbietet. Beziehungen sind oft kummerbeladen und hinterlassen Verletzungen. Daher gibt es auch viele Bücher, die Ratschläge für jede Art von seelischen Verwundungen anbieten und zeigen, wie diese zu heilen oder zu vermeiden sind. Sie alle haben verschiedenste Ansätze und ganz unterschiedliche Zielvorstellungen.

Dieses Buch hier zum Beispiel rät, ein Gleichgewicht in Beziehungen anzustreben. Es setzt dabei zweierlei voraus: einen gesunden Umgang mit sich selbst sowie die Fähigkeit, Gefühle förderlich zu handhaben. Diesen beiden Themen sind zwei weitere Einmaleins-Bücher gewidmet (siehe Anmerkungen). Sie sehen also – an Ratschlägen fehlt es nicht!

Lassen Sie sich aber von den vielen guten Ratschlägen, die von allen Seiten her auf Sie niederprasseln, nicht verunsichern oder verwirren. Wenn Ihnen Ratschläge in einem Buch etwas nutzen, freuen Sie sich. Wenn nicht, legen Sie das Buch einfach wieder beiseite. Und wenn Sie skeptisch sind über das Gelesene, überprüfen Sie es. Glauben Sie ja nichts einfach blind! Das alles, liebe Leserinnen und Leser, soll auch für dieses Buch gelten.

IM GLEICHGEWICHT

Schwer ist es, die rechte Mitte zu treffen:
das Herz zu härten für das Leben,
es weich zu halten für das Lieben.

Jeremias Gotthelf

Beziehungen, wie wir gesehen haben, involvieren ein Ich und ein Du. Es gibt also immer zwei Seiten: die meine und die deine.

Deshalb müssen auch immer zwei Seiten berücksichtigt werden. Ich zum Beispiel habe meinen Standpunkt und du hast deinen. Ich habe Wünsche und Bedürfnisse ebenso, wie du sie hast. Und genau das kann unsere Beziehung so schwierig machen!

Denken wir beispielsweise an eine harmlose Situation: Ich möchte mit dir gemeinsam zu Hause bleiben, aber du möchtest, dass wir zusammen ausgehen. Was nun? Ich möchte natürlich, dass mein Wunsch erfüllt wird, was für dich genauso gilt.

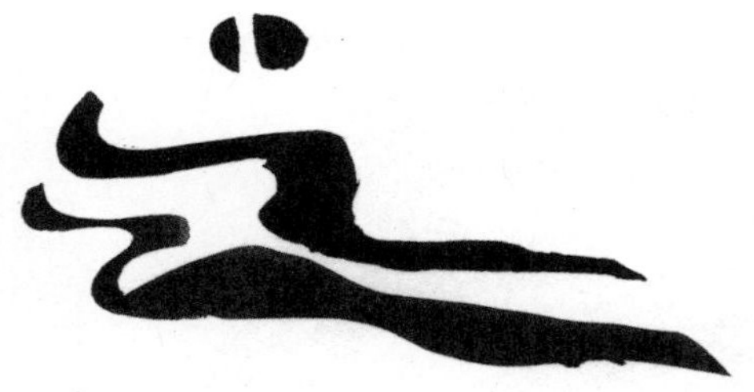

Nun müssen wir diesen Konflikt meistern, indem wir eine Lösung finden.

Doch werden wir tatsächlich eine gute Lösung finden? Wie oft, denken Sie, führt nicht schon ein derart kleines Dilemma zu Ärger und Tränen? Können wir unserem Gegenüber wirklich immer das Recht auf seine Wünsche und Bedürfnisse zugestehen? Sind wir tatsächlich immerzu fähig, unsere Interessen durchzusetzen? Können wir überhaupt Kompromisse machen, fair sein?

Nicht immer, müsste eine ehrliche Antwort lauten. Es fällt uns eben mitunter schwer, beide Seiten im Auge zu behalten und sie gleich wichtig zu nehmen. Wir finden es zuweilen schwierig, uns anzupassen oder zu verzichten, uns zu wehren oder etwas zu fordern. Wir haben oft keine Geduld, verlieren manchmal den Respekt oder lassen uns ausnutzen.

Aus welch mannigfaltigen Gründen auch immer Beziehungen schwer fallen – es gibt einen Weg, der bei sämtlichen Schwierigkeiten von großer Hilfe sein kann. Dieser soll nun erläutert werden.

Es ist von Vorteil, wenn wir in Beziehungen einen Anker in die Mitte zwischen die beiden Seiten werfen. Dadurch schaffen wir ein Gleichgewicht zwischen meinen und deinen Anliegen – und dies bewirkt viel Gutes.

Ein Gleichgewicht zu halten garantiert nämlich das Bestmögliche für alle Beteiligten. Niemand erringt einen Vorteil auf Kosten des anderen. Beide Seiten werden gleich ernst genommen.

Es wird nicht nur darauf geachtet, was man selbst bekommt, sondern es wird auch berücksichtigt, was man selbst zu geben hat.

So kann zum Beispiel das Gleichgewicht zwischen Geben und Nehmen viel Geiz und Neid verhindern, so wie die Ausgeglichenheit von Stärke und Schwäche Fairness ermöglicht.

So wie das Gleichgewicht für unsere Beziehungen förderlich ist, so kann hingegen ein Ungleichgewicht ihnen schaden. Alles, was in einer Beziehung nämlich aus der Balance gerät, trägt den Samen des Leidens in sich. Wenn ich dir zum Beispiel mehr gebe als du mir, kann das dazu führen, dass ich zu kurz komme und du mich ausnutzt, oder auch, dass ich dich verwöhne und du mich missbrauchst.

Nun dürfen wir uns aber unter dem Begriff Gleichgewicht nicht vor stellen, dass ich und du in jeder Situation gleich viel geben und auch erhalten, sozusagen fifty-fifty. So einfach ist es leider nicht. Wir müssen uns bewusst sein, dass die Mitte nichts Statisches ist und das Gleichgewicht deswegen auch nicht. Das Leben ist dynamisch, und deshalb verändert sich alles – auch unsere Beziehungen.

Denken wir doch nur zum Beispiel an unsere Kinder. Groß und stark fühlten wir uns, als sie klein und schwach waren. Wie schnell sich das änderte! Oder erinnern wir uns an die Gefühle, die wir in ein und derselben Beziehung haben können – wie oft wechseln diese doch. Die gleiche Person, für die wir gestern noch schwärmten, geht uns heute auf die Nerven.

Das Gleichgewicht muss sich also ständig anpassen – jeder Lebenslage und jeder Person entsprechend. Und so müssen wir, wollen wir in der Mitte bleiben, immer wieder neue Lösungen kreieren, um meine und deine Seite auszubalancieren.

Ständig angemessene Lösungen zu finden, um dieses fragile und sich verändernde Gleichgewicht aufrechtzuerhalten, bedingt, dass wir nirgendwo fixiert sind. Uns zum Beispiel nicht festgekrallt haben an unserer Seite. Oder auf unserem Standpunkt beharren, uns gar festgelegt haben auf eine bestimmte Rolle. Denn wenn wir erstarrt sind, schafft dies ein Ungleichgewicht. Wir können weder Mängel ergänzen, noch gelingt es uns, Überfluss zu vermeiden.

Kurzum: Die einseitige Fixierung auf bestimmte Sichtweisen, Gefühle oder Verhaltensweisen verhindert letztlich, dass wir den mittleren Weg wählen können. Statt dessen stecken wir im Ungleichgewicht fest.

Einseitigkeit ist demnach eine Schwachstelle im Umgang mit anderen und folglich leiden unsere Beziehungen unter ihr. Und genau dieses Leiden und seine Ursache sind es, die dieses Buch unter die Lupe nimmt. Es zeigt auf, was durch Einseitigkeit aus dem Gleichgewicht gerät. Darüber hinaus – wie es sich für einen Ratgeber gehört – werden Tipps gegeben, wie ein Gleichgewicht wiederhergestellt werden kann, zum Beispiel welche Stärken es braucht, um bestimmte Schwächen auszugleichen.

Doch alles andere, liebe Leserinnen und Leser, überlässt es Ihnen. Denn das Reich der Beziehungen ist bunt und facettenreich und dementsprechend gibt es auch einen bunten Strauß an Lösungen, wie es gestaltet werden kann.

Lassen Sie sich nun auf den folgenden Seiten in dieses Reich entführen. Blicken Sie sich darin um – vielleicht können Sie den einen oder anderen Ihnen nützlichen Rat aus dem Strauß pflücken.

Doch bevor Sie eintreten, meine Damen und Herren, möchten wir Sie darauf aufmerksam machen, dass Sie im Reich der Beziehungen Phantasie brauchen. Nicht zuletzt, um das Gleichgewicht immer wieder neu zu finden, aber auch zum Lesen der folgenden Seiten. Mehr wird nicht verraten.

Sind Sie bereit?

Meine Damen und Herren – bitte treten Sie ein.

AUF DER INSEL

Ruth war am Packen. Ein leerer Koffer lag auf dem rostbraunen Samtüberwurf des großen Doppelbettes. An der offenen Schranktür hing eine Auswahl von Sommerkleidern. Ruth fingerte unschlüssig an ihnen herum. Am liebsten hätte sie alle zusammen eingepackt, doch sie erinnerte sich an ihren Vorsatz, diesmal nicht wieder zu viel mitzunehmen. Sie würden ja doch nur für vier Tage verreisen.

Zögernd nahm sie den Baumwollrock mit dem orangeroten Blumenmuster vom Bügel und schlüpfte hinein. Er ließ sich immer noch zuknöpfen. Erfreut faltete sie ihn sorgfältig zusammen und legte ihn in den Koffer. Dann holte sie den Stapel frisch gebügelter T-Shirts und wählte daraus ein rotes und ein weißes. Es fiel ihr ein, dass diese Farben nicht zu ihren Shorts passten, und sie legte noch ein blaues dazu. Und dasjenige mit dem raffinierten Ausschnitt würde sie auch noch mitnehmen. Das stand ihr gut und sie wusste von den beiden letzten Jahren, dass sie es ab und zu brauchte, sich hübsch zu fühlen. Besonders neben Ines, die immer gut aussah.

Plötzlich hatte Ruth keine Lust mehr. Sie schob den Koffer zur Seite und setzte sich auf den Bettrand. Nachdenklich starrte sie vor sich hin.

Freute sie sich wirklich auf den Urlaub? Zwar war es toll, im Winter in die Sonne zu fahren, und das auch noch ohne die Kinder. Und die Insel gefiel ihr auch. Aber wenn sie an letztes Jahr dachte! Schaudernd verschränkte Ruth die Arme vor der Brust. Sie erinnerte sich an die dahinschleppenden Stunden in der winzigen Bucht, die nur mit dem Boot erreichbar war und an deren sandigem Ufer man höchstens knapp fünf Minuten hin- und herlaufen konnte. Den anderen hatte das nichts ausgemacht. Nico und Alex waren ganz in ihrem Element gewesen – sie tummelten sich von morgens bis abends auf dem Boot und fuhren Wasserski. Ines war glücklich, wenn sie sich nackt bräunen konnte, dösen und Kreuzworträtsel lösen. Ruth war die Einzige gewesen, die nicht auf ihre Kosten gekommen war. Den ganzen Tag am Strand zu liegen war nicht ihr Ding, das wusste sie. Sie wäre viel lieber in die Berge gefahren. Ruth sprang vom Bett auf. Diesmal wird es anders, ermahnte sie sich entschlossen. Diesmal mache ich, was *ich* will. Sie würde die Berge erkunden, durch Olivenplantagen wandern, an Orangenblüten schnuppern, die Füße in einem klaren Bach kühlen. Ohne es zu merken, hatte Ruth sich wieder hingesetzt.

Versonnen dachte sie an die Schönheiten der Insellandschaft. Sie erinnerte sich noch gut daran, wie sie diese für sich entdeckt hatte. Vor zwei Jahren war das gewesen. Das erste Mal, als Nico und sie sich den Luxus gegönnt hatten, mit alten Freunden ein paar Tage zu verreisen. Ruth schmunzelte. Nach zwei Tagen hatten die Männer genug gehabt vom zahmen Schnorcheln und wollten Action. Sie hatten den Frauen vorgeschlagen, Motorräder zu mieten, um die Insel zu erkunden. Ruth sah das alles noch genau vor sich.

Der Tag war klar und heiß gewesen und sie waren, wie die Einheimischen, ohne Helme auf klapprigen Vespas dahin getuckert, immer weiter weg vom Meer, eine kurvenreiche Passstrasse hinauf. Sie hinten bei Nico, Ines bei Alex. Sie hatte die Arme um Nico geschlungen und ihre Haare frei im Winde wehen lassen. Es hatte nach wilden Kräutern gerochen, nach Fichten und Jasmin und nach ihrem liebsten Duft, den Orangenblüten. Sie waren durch steinerne Dörfer gefahren, an Klöstern vorbei und kleinen Kirchen . Überall waren die Olivenplantagen

Terrasse um Terrasse in die Höhe geklettert, bis endlich schroffe Felswände jegliche Bepflanzung unmöglich machten.

Auf dieser Tour hatte sie gesehen, dass es auf der Insel noch mehr gab als nur Strände und Hotels. Ruth seufzte. Damals hatte sie die Sehnsucht gepackt, diese Landschaft näher zu erkunden, was aber leider bis heute noch nicht geschehen war. Denn als Nico und Alex am nächsten Tag den günstigen Bootsverleih entdeckten hatten, war von Ausflügen ins Innere der Insel keine Rede mehr.

Ruth gab sich einen Ruck und stand auf. »Dieses Jahr nicht«, murmelte sie und ging zielstrebig zum Schuhschrank. Sie öffnete ihn, wühlte in seinem Inneren herum und zog triumphierend ihre Wanderschuhe hervor. Sie verpackte beide Schuhe einzeln in Plastiktüten und legte sie neben den Koffer. Dann fuhr sie energisch mit dem Packen fort.

»Hierher«, lockte Nico, als Ruth am selben Abend zu ihm unter die Bettdecke schlüpfte. Er streckte ihr die Arme entgegen. Sie kuschelte sich an ihn.

Nico streichelte ihren Rücken. »Freust du dich, Mäuschen?«

Ruth versteifte sich. »Es geht so.«

»Komm schon.« Nico kniff ihr zärtlich in den Po und

strahlte. »Ich kann's kaum erwarten. Alex hatte übrigens eine gute Idee wegen des Bootes, er meint ...«.

»Nico«, unterbrach ihn Ruth und rückte ein wenig von ihm weg. Ihr Herz begann spürbar zu klopfen, während sie tief Atem holte. »Ich will diesmal nicht immer nur am Strand liegen. Ich möchte was von der Insel sehen.« Sie schaute ihm prüfend ins Gesicht. »Ich will zu Fuß durch die Berge laufen.«

Nico küsste sie auf die Nasenspitze. »Das lässt sich bestimmt einrichten.«

Dann küsste er sie auf den Mund und voller Erleichterung und mit Elan küsste sie ihn zurück. Lebhaft versuchte sie, ihm von ihrem neuen Inselführer mit den vielen Ausflugsideen zu erzählen, doch Nico war mehr am Küssen interessiert und nach einer Weile ging es ihr auch so. Nico war danach schnell eingeschlafen, Ruth aber lag immer noch wach neben ihm. Sie fühlte sich freudig aufgekratzt. Ich habe es ihm gesagt, frohlockte sie innerlich, es läuft super an! Ich muss einfach so weitermachen, überlegte sie, kein ewiges Anpassen und Nachgeben mehr, nein, Selbstvertrauen ist jetzt angesagt. Ruth drehte sich mit einem zufriedenen Seufzer auf die Seite und malte sich aus, was sie sonst noch alles auf der Insel unternehmen würde. Darüber schlief sie ein.

Wider Erwarten hatte Ruth es genossen, den ersten Tag am Strand zu verbringen. Sie hatte im Sand gelegen und ihre nackte Haut mit Sonnenwärme verwöhnt. Sie war in der Hitze eingenickt und hatte lange geschlafen, offensichtlich hatte sie es nötig gehabt.

Doch heute Morgen wurde sie bald unruhig. Sie war schon Schwimmen gewesen, die Bucht hin- und her gelaufen und hatte ein paar Muscheln gesammelt. Die Männer waren wie üblich mit ihrem Boot beschäftigt und Ines blätterte in einem Modemagazin.

Dösen wollte Ruth nicht mehr, sie war ausgeruht. Sie kramte in ihrer Tasche herum, steckte sich einen

Kaugummi in den Mund. Mit den Zehen zeichnete sie kleine Muster in den Sand. Schließlich holte sie lustlos ihren Ferienkrimi hervor und begann zu lesen.

»Pferdemensch. Sieben Buchstaben, in der Mitte ein T.« Erwartungsvoll blickte Ines sie an.

Ruth ließ ihr Buch sinken und dachte nach.

»Kentaur?«

»Passt genau. Kluges Mädchen!«

Ruth hatte kaum ein paar Zeilen weiter gelesen, als die nächste Frage kam. Diesmal wusste sie die Antwort nicht.

»Versuchen wir eben noch ein anderes Wort darüber. Tierfett. Vier Buchstaben. Das ist einfach: Tran.« Ines plapperte weiter.

Ines ist absolut rücksichtslos, dachte Ruth. Sie holt sich einfach, was sie will. Dabei hasse ich Kreuzworträtsel.

»Hier ist ein saftiges für dich. Dreizehn Buchstaben. Ich hab erst ein N an dritter Stelle.«

»Zeig her. «

Ruth hatte sich neben Ines gesetzt. Lieber bring ich's schnell hinter mich, dachte sie.

»Mundharmonika«, brummte Ruth und ging zur nächsten Frage über.

An diesem Abend ging Ruth missmutig und

unzufrieden zu Bett. Sie war zwar am Nachmittag mit Ines einkaufen gegangen, was sie normalerweise eigentlich gern tat. Aber heute war auch das schief gelaufen. In der Auslage einer Modeboutique hatte Ines ein raffiniert geschnittenes Kleid entdeckt und darauf bestanden, dass Ruth es anprobierte. »Du siehst umwerfend aus«, hatte sie begeistert ausgerufen und die Verkäuferin geholt, ihr Urteil zu bestätigen, was Ruth peinlich gewesen war. Sie hatte protestiert: »Dieses Kleid ist viel zu auffällig!« Derart große Aufmerksamkeit auf sich zu lenken fand sie selbstsüchtig und unbescheiden. Obwohl Ines ihr das Kleid schenken wollte, lehnte sie ab. Diese war daraufhin selbst hineingeschlüpft und hatte sich voller Freude im Spiegel betrachtet. »Einfach toll!«, fand sie und beschloss, das Kleid für sich selbst zu kaufen. Typisch, hatte Ruth für sich befunden. Ines hatte es zum Abendessen getragen. Sie hatte großen Erfolg damit gehabt und einige Komplimente geerntet. »Du siehst fabelhaft aus«, hatte sogar Nico bemerkt. Ruth war neidisch geworden und hatte einige spitze Bemerkungen über körperbetonte Mode fallen lassen. Sie entschuldigte sich später bei Ines, die ihr riet, mehr Selbstvertrauen zu haben.

Jetzt lag Ruth im Bett und haderte mit sich selbst. Sie hatte sich wieder gelangweilt am Strand, die

Kleidersache war eine Katastrophe gewesen und Ines hatte Recht. Ruth musste ein wenig weinen und danach schwor sie sich, es morgen besser zu machen. Sie würde ihre eigenen Wünsche anbringen. Sich durchsetzen.

Das Wetter am nächsten Tag machte es Ruth leicht, ihrem nächtlichen Schwur Folge zu leisten. Über Nacht war ein starker Wind aufgekommen, das Meer war den Männern zu rau. Beim Frühstück wurden Alternativen diskutiert.

Ruth fasste sich ein Herz und schlug vor, einen Ausflug ins Inselinnere zu machen.

»Also, ich komme auf keinen Fall mehr mit auf eine Motorradtour«, sagte Ines mit Nachdruck. »Mein Hintern hat mir letztes Mal noch tagelang weh getan.«

»Zweifelst du etwa an meinen Fahrkünsten«, zog Alex sie auf.

»Und an was hattest du gedacht?«, fragte Nico Ruth.

»Ich habe in meinem Reiseführer gelesen, dass es in der nächsten Stadt einen botanischen Garten gibt.«

»Das klingt schon besser«, fand Ines.

»Er soll sehr schön sein«, schwärmte Ruth. »Er liegt in einem alten Park und soll voller einheimischer Pflanzen sein. Es würde euch sicher gefallen.«

Ruth freute sich, als ihr Vorschlag angenommen wurde, und schon eine Stunde später saßen sie alle in der altmodischen Bahn, die sie ins Innere der Insel, zur nächsten Stadt fuhr.

Ruth hatte einen Fensterplatz und betrachtete glücklich die vorbeigleitende Landschaft. Gegen Ende der Fahrt holte sie ihren Reiseführer hervor und las nochmals die Wegbeschreibung zum botanischen Garten: »vor der Post die erste Gasse rechts, die nächste wieder rechts, bei der Kurve links.« Sie fand dies ein wenig vage und hoffte, sie würde diese Post finden, denn schließlich war es ja ihre Idee gewesen, hierher zu fahren.

Der Bahnhof lag neben einem von hohen Platanen umsäumten Parktplatz. Hier war es windstill, offensichtlich stürmte es heute nur an der Küste.

Ruth blickte sich suchend nach der Post um. »Ich glaube, es geht hier lang.«

Die anderen folgten ihr durch eine kleine Gasse, bei der Post zweigten sie rechts ab. Nach einer Weile bogen sie um eine Kurve und kamen auf eine mit Kopfsteinen gepflasterte Straße, wo ein Auto nach dem anderen an ihnen vorbeiholperte. Die Straße war so eng, dass die Fußgänger nur im Gänsemarsch über den schmalen Gehsteig laufen konnten.

»Buh, das stinkt.« Ines hielt sich die Nase zu.

»Dass sie hier überhaupt Verkehr durchlassen«, ereiferte sich Alex.

»Rechts oder links?«, fragte Nico.

»Ich glaube rechts.« Bald wurde Ruth klar, dass sie sich geirrt hatte. Sie zupfte Nico, der vor ihr lief, am Ärmel. »Wir gehen in die falsche Richtung.«

»Halt«, rief Nico den anderen zu.

Sofort verursachten die Vier einen Stau auf dem Gehsteig.

»Wir sind falsch, wir müssen umkehren«, stammelte Ruth.

»Hast du einen Stadtplan?«, fragte Alex.

»Nur eine Beschreibung.« Ruth hielt ihm den Reiseführer hin.

Nachdem Alex einen kurzen Blick ins Buch geworfen hatte, führte er die Gruppe zurück zur Post, fand die Abzweigung, die Ruth übersehen hatte, und bog in die richtige Gasse ein. Eine Weile liefen sie durch eine weitere verkehrsreiche Straße, bis sie endlich eine ruhige, breite Allee erreichten. Von weitem konnte man das Tor zum Park erkennen.

»Ich brauche ein Eis«, stöhnte Ines.

»Ich zahl dir eins. Schrecklich, diese Abgase. Und dann verlauf ich mich noch! Typisch Frau«, versuchte Ruth zu scherzen.

Sie blieb ein wenig hinter den anderen zurück. Kaum bestimme ich mal, was gemacht wird, schimpfte sie im Stillen mit sich, versage ich. Verärgert trottete sie die Allee entlang. Doch als sie an ihrem Ende durch den steinernen Torbogen in den Park trat, verflog ihr Ärger im Nu.

Sie befand sich in einer Oase der Ruhe. Die Bäume verbreiteten eine dämmerige Kühle, nur ein paar Vögel zwitscherten und sonst war es ganz still. Ruth spürte Freude in sich aufsteigen. Hier war sie in ihrem Element. Sie atmete ein paar mal tief ein und blickte sich um, bis sie den blühenden Kaktus entdeckte. In diesem Moment vergaß sie die anderen. Erwartungsvoll zog sie los.

Der eigentliche botanische Garten war in Zonen eingeteilt, die den einheimischen Gegebenheiten entsprachen – das entnahm Ruth der ersten Informationstafel. Sie folgte dem Wegweiser zur Bergfauna.

Es dauerte nicht lange, bis sie darin vertieft war, Blüten zu bewundern, Blattformen zu studieren und ab und zu ein Kraut abzureißen, es mit den Fingern zu verreiben und daran zu riechen.

»*Hier* bist du.«

»Nico!«

»Ich habe dich gesucht.«

»Ist es nicht wunderschön!«

»Bisschen viel dürres Gestrüpp.«

»Ach was! Schau doch nur, hier.«

Ruth bückte sich und zeigte auf eine kleine, aparte, weiße Blüte, deren Innerstes mit einem Hauch von zartem Lila geschmückt war.

»Hm. Bisschen sehr klein.« Nico lächelte sie an. »Ich geh jetzt zu den anderen, ein Eis essen. Im Restaurant vorne. Wir sehen uns dort. Genieß deine Blüten!«

Beleidigt setzte Ruth sich auf eine Bank. »Dürres Gestrüpp«, fauchte sie. Hatte dieser Mann denn keine Augen im Kopf! Heftig stieß sie mit dem Schuh an das fleischige Blättermeer der dunkelgrünen Bodenbedecker.

Nach einer Weile stand sie auf und machte sich auf den Weg zu den Wasserpflanzen. Sie wuchsen an einem lauschigen Plätzchen in der Ecke der alten Parkmauer. Doch obwohl es hier leise plätscherte und Ruth eine elegante Lilienblüte entdeckte, war der Zauber verflogen. Sie fühlte sich verunsichert.

Ich lasse mich nicht hetzen, dachte sie trotzig und lief weiter in den Gartenbereich mit einheimischen Kräutern und Gemüsesorten. Dort bestaunte sie einen riesengroßen Lattich und überlange Bohnen. Doch Ruth war abgelenkt und konnte sich der Betrachtung nicht hingeben. Sie musste immer wieder daran denken, dass die anderen im Restaurant saßen und auf sie warteten. Dass sie überhaupt nur wegen ihr hier waren, und es außer ihr niemandem zu gefallen schien. Als sie aus dem Gemüsegarten trat, hielt Ruth es nicht länger aus. Sie schlug den Weg zum Restaurant ein.

»Morgen soll es keinen Wind mehr geben«, rief Nico aus dem Badezimmer.

Ruth schlüpfte wortlos ins Bett.

Mit einem Satz war Nico bei ihr unter der Decke. »Noch ein letztes Mal aufs Wasser.« Er streckte sich wohlig aus. »Komm her, Mäuschen.«

Ruth bewegte sich nicht. Nico streckte den Arm aus und streichelte ihre Brust. Sie stieß seine Hand weg. »Du bist soo egoistisch.«

»He, was ist denn los mit dir?«

»Du hast versprochen, dass wir in die Berge gehen

würden, und jetzt wird wieder nichts daraus. Du bist so rücksichtslos. Nie machen wir, was ich will.«

Nico setzt sich auf. »Wir waren doch heute im botanischen Garten.«

»Und das soll jetzt schon genug sein? Und überhaupt, ich hatte ja kaum genug Zeit, mir alles richtig anzusehen.« Ruth rann eine Träne über die Wange. »Ich sah nicht mal die Kakteensammlung. Das sind doch meine Lieblinge«, schniefte sie. »Hetzen musste ich wegen euch.«

»Mäuschen, das ist doch gar nicht wahr. Wir hatten es ganz gemütlich im Restaurant, wegen uns hättest du dich bestimmt nicht beeilen müssen.«

Ruth war nicht mehr zu bremsen. »Einmal tun, was Mäuschen Ruth will, das reicht völlig. Nun noch eine Wanderung – nein, nein, das wäre zu viel des Guten.«

»Nun übertreib mal nicht.«

»Ich übertreibe überhaupt nicht. Ich habe dir vorm Urlaub deutlich gesagt, dass ich wandern will. Aber du – du gehst morgen auf das blöde Boot. An mich denkst du überhaupt nicht.«

»Moment mal – du willst wandern, nicht ich.« Nico zog heftig an der Decke, die vom Bett zu rutschen drohte. »Niemand verlangt von dir, dass du mit in die Bucht kommst.« Er fuhr sich gereizt durchs

Haar. »Ich bin nicht beleidigt, dass du Wassersport nicht magst. Aber du bist es, weil ich nicht in diese verdammten Berge will.«

»Jetzt wirst du grob.«

»Es ist doch so! Wieso gehst du denn nicht einfach? Ich steh dir bestimmt nicht im Weg.« Nico legte sich abrupt hin und drehte Ruth den Rücken zu. »So ein Theater um nichts und wieder nichts. Gute Nacht!«

Der markierte Wanderweg führte über eine schlecht geteerte Straße aus dem Dorf hinaus, folgte dieser ein paar Windungen lang den Hang hinauf und zweigte dann ab, um zwischen zwei Terrassenmauern recht steil in die Höhe zu klettern. Die Sonne brannte auf der Haut, obwohl eine leichte Brise wehte. Ruth setzte sich ihren Strohhut auf. Sie gewann rasch an Höhe, die regelmäßigen Steinstufen machten das Gehen leicht, so dass sie ein zügiges Tempo eingeschlagen hatte. Einmal blieb sie kurz stehen, um einen Blick in ihren Reiseführer zu werfen. Sie lief rasch weiter, ohne Augen für das Tal zu haben, das ihr zu Füßen lag. Schweiß rann ihr den Rücken hinab und unentwegt gingen ihr Gesprächsfetzen durch den Kopf.

So lief sie fast eine Stunde lang den Berg hinauf.

Die Augen auf den Boden fixiert, führte sie innere Diskussionen mit Nico, in denen sie ihm alles Mögliche vorwarf. Ohne sie wahrzunehmen, lief sie vorbei an knorrigen Bäumen, an Schafen, die zwischen ihnen weideten, an weiß getünchten Ställen. Sie haderte damit, dass Nico wusste, was er wollte, und genoss, was er tat – nur sie, sie konnte es nicht. Endlich hielt sie schwer atmend an.

Erschöpft verließ Ruth den Weg und setzte sich in den Schatten eines Baumes. Sie holte die Wasserflasche aus dem Rucksack und trank mit gierigen Schlucken. Aufseufzend legte sie ihren Hut ab und lehnte den Rücken an den Stamm.

»Ich genieße es überhaupt nicht, hier zu sein«, brach es aus ihr heraus und sie begann zu weinen. Sie hob einen Stein auf, der neben ihrer Hand lag und schmetterte ihn mit voller Kraft an eine Mauer, die vor ihr stand.

Durch ihren Tränenschleier nahm sie eine Bewegung wahr und als sie genauer hinsah, entdeckte sie den Kopf eines Esels, der sie über die Mauer hinweg neugierig ansah.

»Hallo, du.« Ruth lächelte. Sie stand langsam auf und streckte ihre Hand aus. Der Esel stellte die Ohren hoch. Vorsichtig berührte sie seine Nüstern, er ließ es sich ruhig gefallen. Sie begann, die samtweiche Haut zu streicheln. Er zupfte mit seinen dicken Lippen an ihrem Ärmel.

»Da ist nichts für dich – warte mal.« Ruth riss ein Büschel Gras ab.

»Oh, das hast du gern.« Sie klopfte ihm auf den Hals. Kauend bog der Esel seinen Kopf zu ihr nieder und sie schmiegte ihre Wange an sein flauschiges Fell. Einen Augenblick lang standen sie beide ganz still da. Der Esel schien bald genug zu haben, kehrte sich um und begann, an einem Strauch Blätter abzurupfen. Ruth setzte sich wieder unter den Baum. Sie schloss die Augen. Aus der Ferne hörte sie einen Hahn krähen. Ein Windhauch spielte mit ihrem Haar. Ein Insekt summte vorbei. In ihrem Kopf war es ruhig geworden und sie fühlte sich wohl in ihrer Haut.

Lächelnd griff sie zum Rucksack und holte einen Schokoriegel hervor. Während sie ihn genussvoll verspeiste, betrachtete sie die Mauer vor sich. Es fiel ihr auf, wie sorgfältig die Steinbrocken aufeinander geschichtet worden waren, keiner stach heraus – eine glatte Fläche in Grau. Überhaupt ist viel Grau hier, bemerkte sie, oder eher, korrigierte sie sich, ein Spektrum von silbrigen, erdigen, staubigen und grauen Tönen. Die Steine der Mauer hatten beinahe die gleiche Farbe wie die Stämme der Olivenbäume ebenso wie deren Blätter – alles erschien Ton in

Ton. Ruth musste unwillkürlich an die wunderbare Malerei von Monet denken, an seine gekonnt subtilen Farbnuancen.

»Wie schön das alles ist!«, entfuhr es ihr. »Ich fühl mich so gut.« Im gleichen Augenblick wurde ihr bewusst, dass sie vor knapp zehn Minuten das Gegenteil behauptet hatte.

Ruth senkte den Kopf und saß nachdenklich da. Plötzlich lachte sie bitter auf: »Der Esel hier – das bin ich!« Sie griff nach einem Stein und warf ihn voller Wucht an die Mauer. »Ich will aber kein Esel mehr sein«, rief sie.

»Ist ja gut, ich habe dich gehört. Nun hör auf, mit Steinen zu werfen.« Ruth zuckte zusammen. In der Mauer begann es zu funkeln und zu blitzen. Geblendet schloss sie die Augen. Als sie nach einer Weile vorsichtig unter den Lidern hervor blinzelte, hatte das Leuchten aufgehört und die Mauer hatte sich in einen breiten Spiegel gewandelt.

Rasch schloss Ruth die Augen erneut. Ein Sonnenstich, dachte sie. Ich habe einen Sonnenstich.

»Keine Spur! Du hast mich gerufen. Was kann ich für dich tun?«

Ruth riss die Augen auf. Der Spiegel stand immer noch da und sie sah, wie sich ihr eigenes Spiegelbild mit einem eleganten Knicks vor ihr verbeugte.

»Dich gerufen? Wer bist du überhaupt?«, rief Ruth verwirrt.

Das Spiegelbild lächelte: »Darf ich mich vorstellen? Gnädige Frau – Ihr Spiegelbild. Zu Diensten.« Es verbeugte sich erneut auf übertrieben kunstvolle Weise. Dann setzte es sich auf den Boden, in die gleiche Position, die Ruth innehatte.

Ruth starrte es sprachlos an.

»Im Ernst«, fuhr es fort und blickte Ruth freundlich an, »du bist im Spiegelland gelandet.«

Ruth versuchte fieberhaft, sich einen Reim auf all das zu machen.

»Wie denn das?«, fragte sie.

»Weil du kein Esel mehr sein willst. Darum bist du hier. Und ich bin hier, um dir zu helfen.«

Das schien Ruth irgendwie Sinn zu machen. Obwohl, gestand sie sich ein, das Ganze mehr als merkwürdig war. So etwas hatte sie noch nie erlebt. Aber irgendwie freute es sie, dass jemand ihr helfen wollte, und sie sagte: »Danke.« Dann fügte sie zögernd hinzu: »Wobei willst du mir denn helfen?«

»Darin, dich zu ändern.«

»So dass ich mehr Selbstvertrauen habe?«, rief Ruth erfreut.

»Zum Beispiel.«

»Dass ich mir nehmen kann, was ich will?«

»Das auch.«

Ruth begann zu strahlen. »Ist ja toll.« Dann runzelte sie die Stirn.

»Und wie machst du das?«

»Kommt drauf an. Mal so, mal so. Soll ich dir etwas von dem zeigen, was ich kann?«

Ruths Neugierde war geweckt. »Unbedingt.«

»Gut.« Das Spiegelbild murmelte etwas, der Spiegel begann zu flimmern und auf einmal erschien ihr Hotelzimmer in ihm.

Ruth sah sich darin im Bett liegen und hörte Nico aus dem Badezimmer rufen: »Morgen soll es keinen Wind mehr geben.« Wort für Wort, Szene um Szene spielte sich alles noch einmal genauso ab wie am gestrigen Abend.

Doch irgendwie war etwas anders, das spürte Ruth. Sie erkannte ganz deutlich jedes kindische Wort von ihr, jede falsche Anklage, jede verzweifelte Geste, jede einzelne Träne – doch ohne dass ihr dies irgendetwas ausmachte. Sie fühlte weder Scham noch Ärger, noch Angst. So etwas hatte sie noch nie erlebt.

Ganz benommen legte sie das Gesicht in ihre Hände.

»Gut nicht?«

Ruth blickte auf. Das Hotelzimmer war verschwunden und ihr Spiegelbild strahlte sie an. »Im

Spiegelland sieht man alles so, wie es ist. Ohne Wertungen, ohne Verschönerungen, ohne Ärger«, erklärte es stolz.

»Habe ich mich darum so gefühlt? Irgendwie so ...«. Ruth zögerte.

»Angenehm? Befreit? Klar? Sicher?«

»Ja, irgendwie all das, aber alles gleichzeitig.«

»Kann schon sein. Im Spiegelland ist alles Mögliche möglich.« Das Spiegelbild zwinkerte ihr zu. »Und jetzt machen wir uns ran, einverstanden?«

»Ach so, ja, gut.« Ruth wusste zwar nicht genau an was, aber sie war entschlossen, bei allem mitzumachen, was da noch kommen würde. Das Gefühl von vorhin war phantastisch gewesen– sie wollte mehr!

Das Spiegelbild rieb sich befriedigt die Hände »Gut. So erkläre mir doch mal dein ›Ich will aber kein Esel mehr sein‹.«

Ruth schluckte. »Ich bin«, sagte sie und stockte. Sie wusste nicht recht, wo sie anfangen sollte. »Ich habe«, sie nahm erneut Anlauf, »ich meine, mir wurde bewusst, dass ich mir überall selbst im Weg stehe. Anstatt zu genießen, ich meine, all das Schöne war ja immer da und ich hatte es endlich geschafft mit der Wanderung«, Ruth kam in Fahrt, »und Nico kann wirklich nichts dafür, er hat es mir nie verboten und er hat Recht, ich kann doch machen, wozu ich Lust habe, aber ich tu's nicht, wie im botanischen Garten und das Gleiche mit dem Kleid. Ich habe darin toll ausgesehen, aber ...«

»Moment! Nicht so schnell. Und bitte nicht alles auf einmal, so komm ich nicht mit.«

»Entschuldigung.«

»Ginge es vielleicht schön der Reihe nach?«

»Ich kann's versuchen.« Stirnrunzelnd stellte Ruth nach einer Weile fest: »Es geht nicht. Irgendwie hängt alles zusammen. Die dumme Eselin ist überall – ach, ich kann's wirklich nicht besser sagen.«

»Also, was ich bis jetzt gehört habe«, das Spiegelbild sah sie fragend an, »gibt es Eseleien mit Nico, solche im botanischen Garten und solche mit Ines?«

Ruth nickte.

»Gut. Da könnten wir ja mit Ines anfangen? Was meinst du ?«

»Von mir aus.«

Bevor Ruth mehr dazu sagen konnte, erschien unvermittelt im Spiegel die Bucht am Meer. Ruth sah sich selbst am Strand sitzen, lesend.

Neben ihr lag Ines auf ihren Ellbogen gestützt und fragte sie: »Pferdemensch. Sieben Buchstaben, in der Mitte ein T.«

Ruth beobachtete, wie sie Antwort gab, zu Ines hinüberrückte und das Kreuzworträtsel zu Ende löste.

Sie seufzte und schlang die Arme um die Knie.

Die Bucht verschwand aus dem Spiegel so plötzlich, wie sie eben erschienen war.

»Und?«, fragte das Spiegelbild, »was hast du gesehen?«

»Die Eselin«, sagte Ruth. »Ich habe mich wieder einmal angepasst«, klagte sie. »Ich hätte einfach sagen können, dass ich keine Lust hätte, Kreuzworträtsel zu lösen, oder dass ich lesen wolle. Aber das ist mir gar nicht in den Sinn gekommen.« Tränen traten in ihre Augen.

»Schade. Du hast nämlich das Recht dazu. Hast du das gewusst?«

Ruth begann leise zu weinen. »Ich habe Schuldgefühle, wenn ich etwas für mich will. Und nehmen kann ich es mir erst recht nicht.« Sie schluchzte auf. »Immer bin ich das Opfer.«

»Ruth«, sagte das Spiegelbild in scharfem Ton. »Sieh mich an.« Ruth blickte ihm gehorsam in die Augen. »Immer das Opfer, sagst du?«

Ruth nickte schniefend.

»Und was ist damit?« Das Spiegelbild bewegte tonlos seinen Mund. Trotzdem hörte Ruth ganz deutlich: »Ines ist absolut rücksichtslos. Sie holt sich einfach, was sie will.«

Sie spürte, wie ihre Wangen heiß wurden.

»Du kannst dir nicht holen, was du willst, aber«, mit hochgezogenen Augenbrauen blickte das Spiegelbild sie an, »sich über den Egoismus der anderen zu beklagen, sie der Rücksichtslosigkeit anzuklagen, zu jammern, sich als Opfer zu bezeichnen. Muss ich noch mehr sagen?«

»Nein, du kannst aufhören.« Ruth hob ihren Sonnenhut auf und nestelte an ihm herum. »Ich gebe es zu«, murmelte sie. »Ines kann eben, was ich nicht kann. Da werd ich schon manchmal neidisch und ich werte sie dann auch ab. Aber ich mag sie«, sie schaute auf, »wirklich, das musst du mir glauben. Sie ist überhaupt nicht egoistisch.«

»Ich weiß. Sie hätte ihrer Freundin sogar ein Kleid

gekauft, in dem diese toll aussieht. Nur hat das Opfer das Geschenk abgelehnt.« Das Spiegelbild zwinkerte Ruth zu und grinste. »Die gnädige Frau war ja soo tugendhaft. Die Aufmerksamkeit auf sich lenken – nein, nein, man ist doch bescheiden und genügsam.«

Obwohl es ihr peinlich war, musste Ruth ebenfalls schmunzeln. »Ich glaube, die gnädige Frau hat's begriffen.«

Sie sprang auf und klatschte in die Hände. »Genug von der Kleiderkatastrophe. Jetzt möchte ich die Szene im botanischen Garten sehen.«

»Oh là, là – klar formulierter Wunsch! Gut, gut«, war alles, was das Spiegelbild darauf erwiderte.

Ruth wartete einen Augenblick. »Und?«

»Es gibt nichts. Ich erfülle dir deinen Wunsch nicht.«

»Du hast gesagt, du hilfst mir. «

»Tu ich auch.«

»Davon merk ich nichts.«

»Ich helfe dir sogar doppelt.«

»Du hältst mich zum Narren«, rief Ruth ärgerlich.

Das Spiegelbild verzog das Gesicht zu einer närrischen Grimasse.

»Denk mal fünf Minuten darüber nach, was im botanischen Garten geschehen ist. Du wirst merken, dass ich dir einen Gefallen bereite, diese Szene nicht zu wiederholen.« Mit diesen Worten blickte das Spiegelbild auf seine Armbanduhr und schloss die Augen. Ruth blickte automatisch auch auf die Uhr, und da das Spiegelbild die Augen nicht wieder zu öffnen schien, begann sie nachzudenken. Sie versetzte sich zurück in den Park und erinnerte sich an ihre Freude, ihre Zweifel, an ihre Schuldgefühle, ihren Verzieht. Sie presste ihre Fingernägel in die Handflächen. Für nichts, dachte sie. Ein völlig unnützes Opfer.

»Du hast Recht«, sagte sie laut. Das Spiegelbild öffnete ein Auge.

»Wieder die gleiche Eselin.«

Das Spiegelbild öffnete sein zweites Auge und sagte: »Ein Klassiker, nicht wahr?«

Ruth musste lachen. »Tatsächlich.«

»Mit klassischen Folgen. Doch leider«, fuhr das Spiegelbild mit ernster Miene fort, »sind diese nicht zum Lachen.«

Erschrocken horchte Ruth auf. »Was meinst du?«

»Du hast behauptet, die anderen hätten dich zum Opfer gemacht. Du hast Nico angeklagt. Rücksichtslos sei er, hast du gesagt, immer kämest du zu kurz.«

Ruth hielt sich die Ohren zu. Doch sie hörte das Spiegelbild weiterreden. »Du hast versucht, ihm eine

Schuld anzuhängen.«

»Ich habe das gar nicht so gemeint.« Ruths Stimme zitterte.

»Aber gesagt hast du es trotzdem.«

Ruth wusste, das Spiegelbild hatte Recht. Immer wieder jammerte sie und beklagte sich über andere. Aber wenn sie ganz ehrlich mit sich war, war sie der Meinung, dass Nico tatsächlich in ihrer Schuld stehe.

»Du findest es berechtigt, dass Nico ein schlechtes Gewissen und Schuldgefühle hat, wenn er dir einen Wunsch nicht erfüllt?«

Ruth zuckte zusammen. Es war ihr unheimlich, dass das Spiegelbild ihre Gedanken so genau lesen konnte.

»Ja, manchmal schon«, stotterte sie verlegen.

»Siehst du. Deshalb erfülle ich dir deinen Wunsch nicht.«

»Bist du jetzt nicht einfach fies?«, fragte Ruth in scharfem Ton.

»Ganz im Gegenteil, gnädige Frau. Ich überreiche Ihnen damit den Schlüssel, die Eselin zu befreien.«

»Kannst du mir das bitte erklären.«

»Nein.«

»Jetzt bist du aber wirklich fies.«

»Und du eine dumme Eselin.«

Erbost sprang Ruth auf. »So mach ich nicht mehr mit.« Sie kehrte dem Spiegel demonstrativ den Rücken zu.

»Schade. Ich hätte dir ja gerne geholfen, aber in dem Fall, gnädige Frau, empfehle ich mich.«

»Nein!« Ohne es zu wollen, hatte Ruth dies geschrien. Sie drehte sich nach dem Spiegel um. Er war noch da. Erleichtert stieß sie hervor:

»Ich will nicht wirklich, dass du gehst. Bitte.« Das Spiegelbild nickte stumm.

Schüchtern sagte Ruth: »Darf ich dich etwas fragen?« Das Spiegelbild lächelte.

»Wenn du mir meinen Wunsch nicht erfüllst – bist du dann wirklich nicht gemein? Ganz ehrlich?«

Das Spiegelbild legte sich dramatisch die Hand auf die linke Brust.

»Ehrenwort, gnädige Frau.« Es zwinkerte Ruth zu. Zaghaft lächelte sie zurück. »Weißt du«, fuhr es fort, »wenn dir jemand einen Wunsch nicht erfüllt, sei es Nico oder ich oder sonst jemand, dann«, das Spiegelbild machte eine künstliche Pause und fuhr in beiläufigem Ton fort, »wird dein Wunsch eben nicht erfüllt, das ist alles.«

»Aber gerade das ist doch gemein«, protestierte Ruth.

»Das Leben gibt keine Wunschgarantien.«

»Aber ...«

»Du erwartest genau das.«

»Das stimmt doch gar nicht. Ich weiß ganz genau, dass ich nicht alles haben kann, was ich will. Ich kann verzichten – ohne darüber zu klagen«, verteidigte sich Ruth.

»Nico hätte in dem Punkt sicher etwas zu sagen.«

Ruth blickte errötend zu Boden und setzte sich langsam wieder hin.

»Recht so, mach's dir bequem.«

Ruth atmete tief ein: »Denkst du, ich erwarte, dass andere mir meine Wünsche erfüllen sollen?«

»Ja, das meine ich. Denn wer nicht nehmen kann, hofft zu erhalten.«

»Aber hoffen darf man doch?«

»Hoffen kann man immer.« Das Spiegelbild zuckte die Schultern.

»Nur kommt nicht immer viel dabei raus.«

Ruth blickte es erstaunt an.

»Du hättest zum Beispiel kein Kreuzworträtsel lösen müssen, wenn du, anstatt zu hoffen, dass Ines deine Gedanken lesen oder deine Wünsche erraten kann ...«

»Gesagt hätte, was ich will«, fügte Ruth aufgeregt hinzu. »Ich verstehe, was du meinst.«

Das Spiegelbild blickte Ruth prüfend an. »Wenn

andere deine Hoffnung enttäuschen, was oft geschieht, weil nämlich niemand einfach so deine Gedanken lesen kann, außer mir natürlich«, das Spiegelbild räusperte sich. »Hm, also wie gesagt, wenn deine Hoffnung enttäuscht wird, dann bezichtigst du die anderen der Gemeinheit und des Egoismus. Das ist eselig.«

Ruth nickte.

»Die andern sind nicht dazu da, unsere Erwartungen zu erfüllen. Aber genau das hoffst du.«

»Eselig.«

Das Spiegelbild schmunzelte. »Richtig.«

Ruth hatte unterdessen einen müden, vollen Kopf. Aber sie fühlte sich gut und kraftvoll. Sie hatte das Gefühl, Wichtiges verstanden zu haben. Sie strahlte das Spiegelbild an: »Du bist toll. Danke.«

»War mir ein Vergnügen.« Es knickste adrett.

»Habe ich mich jetzt wirklich geändert?«, fragte Ruth.

»Das wird sich zeigen.«

»Meinst du, wenn ich nicht mehr eselig bin?«

»Ich meine aktiv statt passiv.« Das Spiegelbild erhob sich und gähnte. »Gnädige Frau, Zeit zu gehen.«

Ruth wollte nicht, dass es schon ging. »Was meinst du damit?«, fragte sie.

Schweigend streckte sich das Spiegelbild, rollte seine Schultern nach vorne und hinten, gähnte erneut.

Nach einer Weile bemerkte Ruth ruhig: »Mir wird ein Wunsch nicht erfüllt.«

Darauf grinste sie das Spiegelbild an und wedelte mit den Armen. Ein graues Blatt Papier erschien in seiner Hand. »Doch, doch, dein Wunsch wird dir erfüllt. Hier.« Das Spiegelbild schwenkte das Blatt hin und her, während seine Erscheinung zu schimmern und zu glänzen begann. Schließlich verschwand der ganze Spiegel in schillernd funkelndem Lichterglanz.

Vor Ruth steht die Mauer, Stein auf Stein, genau wie zuvor. Nur ein grauer Papierbogen, der auf ihr liegt, verrät, was sich eben hier abgespielt hat. Ruth holt das Blatt herunter. »Für Ruth«, liest sie. »Sei aktiv statt passiv.«

Wer nachgeben kann, verzichten und dulden, oder auch Opfer bringt, trägt sicher oft zum Glück anderer bei. Sind dies doch Tugenden, die einen friedlichen, liebevollen und geduldigen Umgang miteinander fördern.

Doch es kann auch geschehen, dass diese Tugenden ihren Trägern Ungutes bringen.

Dies ist meist dann der Fall, wenn die Selbstlosigkeit mehr Raum einnimmt, als ihr gebührt, und sie dadurch andere, ebenso wichtige Fähigkeiten verdrängt. Wenn jemand zum Beispiel nur nachgibt, aber nicht fordert, zwar zu verzichten weiß, aber nicht, wie zu nehmen ist.

Solch einseitige Tugendhaftigkeit hat oft unglückliche Folgen. Unter anderem kann sie uns zum Opfer werden lassen. Wir werden zum Beispiel übergangen und kommen zu kurz. Oder unsere Grenzen können überschritten werden, so dass unsere Würde verletzt wird.

Trotzdem wird die Selbstlosigkeit von vielen Menschen immer wieder überschätzt, und sie geben ihr dementsprechend zu viel Raum. Meist weil sie meinen, dass sie kein Recht hätten, etwas für sich zu fordern, da dies egoistisch sei. Oder weil sie glauben, Liebe müsse verdient werden.

So werden sie schließlich passiv. Sie unternehmen

selbst nichts für ihr Glück. Statt dessen hoffen sie, dass die anderen es für sie tun.

Doch wenn wir erwarten, dass andere uns das geben, was wir brauchen, riskieren wir, dass unsere Erwartungen nicht erfüllt werden. Und wenn dies dann tatsächlich passiert, erklären wir die anderen für schuldig. Von der überlegenen Höhe unserer duldenden und verzichtenden Tugenden herab bezichtigen wir sie der Selbstsucht und der Rücksichtslosigkeit.

So können unsere Tugenden uns nicht nur zu Opfern, sondern auch zu Tätern machen.

Wollen wir aber weder klagen noch anklagen, statt dessen anderen und uns selbst zu mehr Glück verhelfen, dann muss unsere Selbstlosigkeit einer weiteren Tugend Platz machen.

Wir brauchen Selbstverantwortung.

Übernehmen wir Selbstverantwortung, sind wir zuständig für unser Glück. Wenn wir uns um unser Wohlergehen kümmern, sind wir aktiv statt passiv. Selbstverantwortung befähigt uns, unser Möglichstes zur Wunscherfüllung beizutragen. Sie hilft uns herauszufinden, wie wir angemessen ans Ziel kommen könnten. Auch gibt sie uns die Sicherheit, uns selbstständig auf den Weg machen zu können.

Selbstveranwortung ist die Voraussetzung dafür, dass wir uns auf uns verlassen können. Wir machen unser Glück nicht von anderen abhängig. Wir wissen, dass wir uns für uns einsetzen und uns das für uns Beste geben.

So nährt die Selbstverantwortung unser Selbstvertrauen und behütet unsere Würde.

Selbstverantwortung bewahrt uns davor, Irrtümern zu unterliegen. So können wir richtig einschätzen, was wir von anderen erwarten können und was nicht. Wir glauben auch nicht, dass Wünsche immer erfüllt werden, und wir wissen, dass es manche gibt, die besser unerfüllt bleiben.

So also kann Selbstverantwortung manche Torheit verhindern und manches Unrecht. Sie ist eine Tugend, die zu fördern sich lohnt. Das, liebe Ruth und alle ihre Mitlesenden, soll euch hier ans Herz gelegt werden.

Lassen wir es uns nicht nehmen,
unser Glück selbst zu schmieden.
Lasst uns aktiv sein statt passiv.

DAS HAUS IM WALD

Die alte Pendeluhr rasselte, dann schlug sie die Stunde mit einem tiefen, vibrierenden Ton. »Schon so spät!«, stöhnte Henri. Der Stapel der zu bearbeitenden Post schien einfach nicht kleiner zu werden, und die Monatsabrechnungen warteten auch noch auf ihn. Henri konnte solche Tage nicht leiden, an denen er sich mit Kleinkram herumschlagen musste und die eigentliche Arbeit dabei liegen blieb. Und Buchhalterisches konnte er überhaupt nicht ausstehen. Missmutig blickte er zum Fenster hinaus. Während er die Bewegungen des Kranes auf der gegenüberliegenden Baustelle verfolgte, haderte er damit, dass sie sich noch keine zweite Sekretärin leisten konnten, obwohl sich alle darin einig waren, dass sie eine brauchten. Aber bis es soweit war, musste jeder doppelt schuften. Wie ihm das heute zuwider war!

Er nahm einen Schluck vom lauwarmen Kaffee und starrte auf das Chaos auf seinem Schreibtisch. Auf einmal wirbelte er seinen Stuhl herum. Ihm war eine

Idee gekommen, wie er sich vielleicht von der Buchhaltung befreien könnte. Energisch stand er auf.

Henri streckte den Kopf ins Büro der Sekretärin.

»Hallo.« Er lächelte Moira an. »Wie läuft's?«

»Hektisch, wie immer. Die Brunnen-Sache habe ich erledigt.«

»Was täten wir nur ohne dich!« Henri strahlte sie an.

»Untergehen!«

Beide mussten lachen. Dann fragte Henri: »Wie steht's mit den Erkundigungen nach dem Baugelände?«

»Dazu hin ich noch nicht gekommen.«

»Hm«, brummte Henri, »sollten wir aber schon bald wissen. Weißt du was«, fuhr er laut fort, »ich hab einen Vorschlag. Ich erledige das für dich, dafür übernimmst du meine Abrechnungen.«

»Wenn du meinst.«

»Wunderhar, ich bring sie dir gleich rüber.«

Gut gelaunt kehrte Henri in sein Büro zurück. Schon besser, dachte er. Hundertmal lieber erledigte er Telefonate, als dass er Zahlen zusammenstellte. Und es würde auch kaum allzu lange dauern, die nötigen Informationen über das Baugelände zu sammeln.

Trotz dieses vorteilhaften Tausches kam Henri auch am Nachmittag nicht dazu, an seinem Projekt zu arbeiten. Kurz nach vier Uhr hatte er die Nase voll. Er brauchte dringend etwas, um seine Stimmung zu heben! Er holte sich eine Cola aus dem Trinkautomaten und schob sämtliche Papiere auf dem Schreibtisch zur Seite. Auf die leer gewordene Fläche legte er den Katalog Sonnenenergie für den Hausgebrauch.

Das Heft war heute mit der Morgenpost gekommen, und Henri war gespannt. Genüsslich nahm er einen Schluck aus der Dose und begann die Seiten umzublättern. Was er sah, gefiel ihm, ja, es gefiel ihm sogar außerordentlich gut!

Henri lehnte sich zurück und dachte enthusiastisch darüber nach, wo er die Kollektoren am besten montieren könnte. Er griff nach einem Bleistift und skizzierte eine mögliche Lösung. Während er dies tat, fiel ihm ein, dass er die Maße für die Dachfenster nachprüfen musste. Er dachte über das Isoliermaterial nach und in kurzer Zeit hatte Henri alles rund um sich herum vergessen. Gemurmel drang aus dem Nebenzimmer und die Pendeluhr tickte laut vor sich hin, doch er hörte nichts davon. Er träumte von seinem Haus.

Ein kurzes Klopfen an seiner Tür ließ ihn hochschrecken.

Remo trat zu Henri an den Schreibtisch. »Die sind gut«, sagte er mit einem Blick in den Katalog. »Für das Haus?«

»Ja. Wirklich Spitzenqualität. Und die neueste Technik.«

»Hm. Ich geh jetzt. Ist für morgen alles vorbereitet?«

»Beinahe.«

Remo rieb sich die Hände. »Ich freue mich. Das Hotel sieht toll aus.

Fährst du direkt hin?«

»Ich denke schon, du nicht?«

»Ich komme vorher rasch hierher, hab meine Abrechnungen noch nicht hingekriegt. Bis morgen dann.«

»Tschüss.«

Als Remo gegangen war, blickte Henri hinüber zur Pendeluhr, die schon bei seinen Großeltern in der guten Stube gestanden hatte und nun in seinem Büro weiter treu die Stunden schlug. Seufzend schloss er den Katalog und machte sich an die letzten Vorbereitungen für den morgigen Kongress.

Als er endlich alle Unterlagen in den Wagen gepackt hatte und sich auf den Heimweg machen konnte, war er müde und ein wenig gereizt.

Was ich jetzt brauche, dachte er, während er den Wagen durch den Feierabendverkehr manövrierte, ist ein Glas Wein und dann will ich nur noch in Ruhe die Zeitung lesen, bis Nina das Abendessen fertig hat.

Lilo thronte in ihrem Kinderstuhl und schlug mit dem Löffel auf den Teller, dazu krähte sie vor Vergnügen. Henri nahm ihr den Löffel weg. Sie schaute ihn verdutzt an, dann begann sie protestierend zu schreien.

Henri gab ihr den Löffel zurück. »Hör auf damit zu schlagen, sonst pack ich ihn ganz weg.« Lilo nahm den Löffel strahlend entgegen und schlug damit ungerührt weiter.

»Verdammt.« Henri hob sie aus dem Stuhl und stellte sie unsanft ab.

Sie watschelte beleidigt aus der Küche.

»Ich will auch runter«, quengelte Dominik.

»Du musst noch fertig essen.« Dominik verzog das Gesicht und Henri sagte rasch: »Guck, dein Lieblingswürstchen. Komm, iss.«

»Du sollst es schneiden.«

Henri schnitt die Wurst in kleine Stücke. Umständlich steckte sich Dominik eines auf die Gabel und schob es in den Mund.

Frustriert nahm Henri einen Bissen des nun schon kalten Koteletts. Seit er beim Heimkommen den Zettel *Würstchen für die Kinder, für uns Koteletts. Bis später, Kuss N.* vorgefunden hatte, war er schlechter Laune. Er hatte völlig vergessen, dass Nina heute ihren Kurs hatte und er auf die Kindern aufpassen musste.

Die Haustür schlug zu. »Mama«, rief Dominik und kletterte vom Stuhl.

»Hallo Liebling.« Nina hob ihn hoch und küsste ihn. »Hat Papa dir was Schönes gekocht?«

»Würstchen.«

»Hm, lecker. Hallo.« Nina bückte sich und begrüßte Henri mit einem Kuss. »Hat alles geklappt?«

»Wie du siehst: Kinder munter, Ehemann kaputt.«

Nina reagierte nicht so, wie er gehofft hatte. Statt dessen sagte sie: »Danke, Schatz. Hast du mein Kotelett schon gebraten?«

»Alles fertig in der Pfanne«, antwortete er kurz angebunden.

Nina hob den Deckel hoch und schnüffelte. »Safranreis dazu, riecht gut.« Sie schöpfte sich das Essen auf den Teller und setzte sich Henri gegenüber an den Tisch.

»Wo ist Lilo?«

»Irgendwo«, erwiderte Henri.

»Dominik«, sagte Nina kauend, »geh bitte schnell schauen, was Lilo macht.« Dominik trottete davon.

Nina streckte Henri ihr Glas entgegen: »Kann ich bitte auch etwas Wein haben?«

»Danke, mir geht's gut«, antwortete Henri und schenkte ihr ein. Nina schaute ihn mit hochgezogenen Augenbrauen an und fragte: »Schlechter Tag?«

Henri schenkte sich Wein nach, zufrieden darüber, dass sie ihm endlich Aufmerksamkeit schenkte. Während Nina aß, schilderte er ihr die Ereignisse seines Tages. Es dauerte aber nicht lange, da wurde er vom heulenden Dominik unterbrochen. »Mama, Lilo hat meine Bahn kaputt gemacht.«

Nina sah von ihrem Teller auf. »Ich bin noch am Essen.«

Heftig schob Henri den Stuhl zurück und stapfte mit Dominik aus dem Zimmer. Nina hörte, wie er schimpfte und Lilo daraufhin weinte. Sie schob sich den letzten Bissen Fleisch in den Mund und lief kauend in Richtung des Lärms.

Henri überließ Nina das Feld und flüchtete sich ins Wohnzimmer. Er schnappte sich die Zeitung und ließ sich aufs Sofa fallen. Aus dem Kinderzimmer drang fröhliches Kindergeplapper, der Sturm war vorüber. Er schlug die Zeitung auf.

»Papa.« Lilo und Dominik kletterten in Pyjamas ein wenig später zu ihm aufs Sofa und setzten sich auf ihn.

»Die Zeitung, passt doch auf«, murrte Henri.

Nina steckte den Kopf ins Zimmer und fragte: »Könntest du ihnen die Sandmännchen-Geschichte vorlesen? Ich fühl mich nicht wohl.«

»Mama hat Kopfweh«, sagte Dominik wichtigtuerisch.

»Papa auch«, warf Henri gereizt ein. Nina war aber schon wieder verschwunden.

»Heute nicht. «

»Bittee.« Dominik schaute ihn mit großen Augen an.

»Nein. «

»Nur eine Geschichte, biiiitteee.«

»Bi, bi, bi«, rief Lilo aufgeregt und begann auf ihm herumzurutschen.

»Schluss jetzt.«

Er schüttelte die beiden ab, packte sie jeweils unter einen seiner Arme und trug sie zu ihren Betten.

Als sie endlich bereit waren einzuschlafen, war Henris Laune endgültig verdorben.

Nina lag schon im Bett.

»Schlafen sie?«, murmelte sie.

»Bedank dich bei mir!«, zischte Henri.

»Nun sei nicht so«, versuchte sie ihn zu besänftigen.

Doch Henri fragte in ruppigem Ton: »Was ist denn überhaupt los mit dir?«

»Ich weiß auch nicht, vielleicht krieg ich eine Erkältung – ich hab plötzlich Kopfweh.«

Ärgerlich öffnete Henri den Kleiderschrank und begann darin herumzuwühlen.

»Was machst du denn?«, fragte Nina.

»Packen.«

»Packen?«

»Ich fahr morgen auf den Kongress. Aber das hast du ja sicher auch vergessen.«

»Ich hab nicht mehr genau gewusst, wann.« Nina setzte sich auf.

Schweigend holte Henri einen Anzug hervor. »Ich brauche das blaue Hemd.«

»Es liegt noch im Wäschekorb.«

»Nicht mal gewaschen?«

»Doch«, schnappte Nina ein.

»Gebügelt?«

»Nein«, antwortete Nina mit lauter Stimme.

Henri machte ihr deswegen einen Vorwurf und sie begannen sich zu streiten. Später, nachdem Henri das Hemd selbst gebügelt hatte, schlüpfte er wortlos ins Bett und gab ihr auch keinen Gutenachtkuss.

Am nächsten Morgen wachte Henri früh auf. Er stand leise auf und schlich aus dem Zimmer. Während er duschte, pfiff er vor sich hin. Er freute sich darauf, wegzufahren. Keine quengelnden Kinder mehr,dachte er, und keine Frau, die was von einem will. Obwohl er es, gestand er sich ein, während er die Achselhöhlen einseifte, gestern Abend ein wenig übertrieben hatte. Er nahm sich vor, Nina eine Tasse Tee ans Bett zu bringen. Darüber würde sie sich freuen, das wusste er, und er hoffte, dass es sie versöhnlich stimmen würde. Er wollte nicht im Streit fahren, das würde ihm den Morgen verderben.

Als er sich trocken gerubbelt hatte, zog er seinen Bademantel an und schlurfte in die Küche.

Nina hatte sich tatsächlich versöhnlich gezeigt, als er mit einem Tablett im Schlafzimmer erschienen war. Kurz nach dem Frühstück war er dann weggefahren. Der Kongress begann zwar erst am frühen Nachmittag, aber er wollte im Hotel noch ein paar Stunden ungestörter Ruhe genießen.

Als Henri in die kiesbestreute Einfahrt einbog, gab er unwillkürlich einen bewundernden Pfiff von sich. Das sah ja noch besser aus als im Prospekt! Das Hotel, ein ehemaliges Kurhaus für gehobene Ansprüche, lag direkt am See. Er schimmerte hell in der klaren Morgensonne.

Gutgelaunt parkte er den Wagen und begab sich zur Rezeption. Ein junges Mädchen blickte von ihrem Bildschirm auf und begrüßte ihn höflich.

»Fuchs«, sagte Henri. »Ich bin für den Kongress angemeldet.«

Das Mädchen erhob sich. Sie fuhr mit dem Finger eine Liste entlang. »Fuchs, ja, hier, Zimmer 31.« Sie reichte ihm den Schlüssel.

»Dritter Stock, der Lift ist dort drüben.« Sie wünschte ihm einen schönen Aufenthalt. Henri bedankte sich lächelnd.

Henri schloss die Tür auf und trat ein. Das Zimmer lag im Halbdunkel, die Jalousien waren heruntergelassen. Henri ging zum Fenster und zog sie hoch. Er warf einen Blick hinaus und sah den Parkplatz. Ich habe die falsche Seite erwischt, stellte er fest. Kurz entschlossen hob er sein Gepäck wieder auf und ging zurück zur Rezeption.

»Entschuldigen Sie«, er las das Namensschild des Mädchens, »Fräulein Eva. Ich hätte lieber ein Zimmer mit Seeblick.« Er grinste: »Einen Parkplatz kann ich auch zu Hause haben.«

Das Mädchen schluckte: »Aber das geht nicht. Die Zimmer sind alle zugeteilt, es ist keines mehr frei. Es tut mir leid«, fügte sie rasch hinzu.

»Sind Sie sicher? Da lässt sich doch bestimmt was arrangieren.« Er strahlte sie an.

»Ich weiß nicht«, stammelte sie. »Ich bin nur die Praktikantin. Ich geh besser fragen.«

»Warten Sie.« Das Mädchen blieb unschlüssig stehen. Henri stützte den Ellbogen auf die Theke und

blickte ihr in die Augen. Wir finden bestimmt eine Lösung.« Aufmunternd lächelnd fragte er: »Sind schon viele Teilnehmer angekommen?«

»Erst ein paar.«

»Gut, dann ist das ja alles kein Problem. Wir können einfach mein Zimmer tauschen mit jemandem, der noch nicht da ist.« Er nickte ermunternd.

Das Mädchen blickte nervös auf die Liste. »Zimmer 25 ist noch nicht belegt.«

»Prima. Das nehme ich. Vielen Dank für Ihre Hilfe, Eva. Sie waren großartig. «

Verlegen reichte sie ihm den neuen Schlüssel.

Zufrieden ließ Henri sein Gepäck aufs Bett plumpsen. Das Zimmer war lichtdurchflutet und hatte einen Balkon, auf den er jetzt trat. Zu seinen Füßen lag der See, leise klatschte das Wasser an die Mauer.

Entspannt lehnte sich Henri an die Brüstung und gähnte laut. Noch zwei Stunden freie Zeit, dachte er mit Vergnügen. Er entdeckte einen Liegestuhl in der Ecke des Balkons und stellte ihn auf. Dann lief er ins Zimmer zurück, holte sich ein Mineralwasser aus der Minibar, packte seine Sonnenbrille und den Kollektoren-Katalog aus und ging wieder hinaus auf den Balkon.

Bald war Henri ganz in seine Lektüre vertieft. Er stellte Berechnungen an und kritzelte ab und zu etwas an den Rand des Kataloges, der auf seinem Schoß lag. Nach einer Weile griff er befriedigt nach seinem Glas. Er hatte eine gute Lösung gefunden, und das Modell, das er dazu brauchte, war noch nicht mal allzu teuer. Jetzt musste er die Anschaffung nur noch Nina schmackhaft machen, dachte er, was nicht allzu schwer werden sollte. Obwohl, erwog er, wenn es sich um Dinge für das Haus handelte, waren sie oft nicht gleicher Meinung. Wobei sie sich, überlegte er, in letzter Zeit mit der Idee ein wenig angefreundet zu haben schien.

Das war aber nicht immer so gewesen. Henri erinnerte sich, wie er mit ihr und den Kindern das erste Mal zum Grundstück gefahren war. Sie waren den Waldrand im Auto entlanggeholpert, Lila wurde in ihrem Kindersitz auf und ab geschleudert und sie hatte vor Begeisterung gekreischt. Als sie dann beim Haus angekommen waren, hatte es Nina vor Entsetzen beinahe die Sprache verschlagen. »Was – diese Hütte da!«, hatte sie ausgerufen. »Du musst das Potenzial darin sehen!«, hatte er ihr erklärt. Sie hatte wortlos die schwere Holztür aufgestoßen, einen Blick auf die herunterhängenden Tapeten geworfen und sich zu ihm umgedreht: »Du spinnst ja.«

Henri trank sein Wasser aus und stellte die Flasche auf den Boden. Dann lehnte er sich im Stuhl zurück. Schmunzelnd rief er sich ins Gedächtnis, dass am Anfang alle an seiner Idee gezweifelt hatten, nicht nur Nina. »Was willst du denn mit einer Bruchbude mitten im Wald«, hatten sie ihn immer wieder gefragt. Henri wusste genau, was er damit wollte! Er wollte sich einen Traum verwirklichen.

Er schob die Sonnenbrille über die Stirn und schloss zufrieden die Augen. Er war schon als Kind fasziniert gewesen vom Bauen und von Gebäuden und hatte seine Eltern mit endlosen Fragen danach genervt. Kein Wunder, dass er nicht widerstehen konnte, als damals das Haus zum Verkauf stand. Es hatte Charakter, war solide gebaut, lag phantastisch und barg alle Möglichkeiten, etwas Besonderes zu werden. Wirklich einmalig, dachte er stolz.

Auch die Umstände seines Erwerbs waren außergewöhnlich gewesen, erinnerte er sich. Das Haus gehörte zu einem großen Gut, dessen Besitzer hochbetagt gestorben war, ohne aber Erben zu hinterlassen. So wurde einfach alles verkauft: das Herrenhaus, die Ställe, die beiden Pförtnerhäuser und eben seines, das Waldhüterhaus, das am Rand einer großzügigen Waldlichtung lag und einen riesigen Garten besaß. Der Alte wäre ein komischer Kauz gewesen, hatte der Makler Henri damals erklärt, er habe nie etwas modernisiert und die Gebäude verlottern lassen. Deshalb ging alles zu einem Spottpreis weg. Henri grinste in der Erinnerung an diesen guten Handel.

Klar, der Garten war verwildert und das Haus musste gründlich renoviert werden, aber gerade das machte es für ihn so reizvoll. Hier konnte er sich endlich einmal austoben! Er blickte auf den Sonnenenergie-Katalog, der ihm von den Knien zu rutschen drohte. Ich bin eben ein leidenschaftlicher Heimwerker, stellte er schmunzelnd fest, obwohl Nina fand, dass sie davon zu Hause nichts merke.

Schuldbewusst erinnerte sich Henri, dass er ihr die Regale immer noch nicht montiert hatte, wie er es ihr schon vor Wochen versprochen hatte. Dieses Wochenende erledige ich das, beruhigte er sich. Dann nickte er in der warmen Sonne ein.

Als Henri erfrischt aus seinem Schlummer erwachte, entschied er, dass es Zeit sei, sich im Hotel umzuschauen. Er wollte sich den Kongresssaal ansehen und in der Bar einfinden, wo Getränke zur Begrüßung serviert werden würden. Er ging ins Zimmer zurück, verstaute seine Kleider, kämmte sich und band eine Krawatte um. Dann machte er sich auf den Weg.

Den Saal fand er sofort. Er öffnete die Tür und stellte befriedigt fest, dass man es an nichts hatte fehlen lassen. Vom Flipchart bis zum Beamer war alles vorhanden, und auf den langen Tischreihen verteilt standen Mineralwasserflaschen und geflochtene Körbe mit Früchten. An jedem Platz, mit Namenskarte versehen, lag ein Notizblock und ein Kugelschreiber. Er lief herum, bis er seinen fand und prüfte, wer seine Nachbarn waren. Man hatte ihn neben Feuz platziert! Nur das nicht, dachte er, dieser Schwätzer. Rasch nahm er seine Karte und tauschte sie gegen eine andere aus. Dann machte er sich auf den Weg zur Bar.

Dort standen schon einige Teilnehmer herum, von denen er ein paar kannte, die er begrüßte. Plötzlich entdeckte er Remo, der auf einem Barhocker saß und grimmig auf sein Glas starrte.

Er trat zu ihm und klopfte ihm auf die Schulter. »Was ist denn dir über die Leber gelaufen?«

»Bürokratie«, stieß er wütend hervor.

Henri angelte sich grinsend einen Hocker und setzte sich neben Remo. »Spuck's aus.«

Remo schilderte ihm, wie sehr er sich darauf gefreut habe, hierher zu kommen. Er habe im Sinn gehabt, heute Nachmittag zu schwänzen, dafür in der Sonne zu liegen, die Seesicht zu genießen und nichts zu tun. »Ich brauche dringend mal eine Pause«, erklärte er.

»Klar doch«, fand Henri, »wo ist das Problem?«

»Sie haben mir ein Zimmer nach hinten heraus gegeben, über dem Parkplatz«, antwortete Remo aufgebracht. »Dabei hatte ich extra ein Zimmer mit Seeblick gebucht!«

»Hast du reklamiert?«

»Natürlich! Aber sie haben mich mit irgendeiner faden Ausrede abgewimmelt.« Er schnaubte verächtlich. »Eine Praktikantin habe falsch gebucht und nun ließe sich nichts mehr machen.« Er schlug mit der Faust auf die Theke. »Jetzt hocke ich in einem Loch!«

Henri fühlte sich ertappt, verzog jedoch keine Miene. »Du kannst dich ja in den Hotelgarten setzen«, schlug er vor.

»Das ist nicht das Gleiche«, murrte Remo.

Zu Henris Erleichterung erschien in dem Moment

eine Frau und bat die Kongressteilnehmer um Aufmerksamkeit. Sie würden in zehn Minuten anfangen, teilte sie mit.

Den Kopf angefüllt mit Informationen, aber zufrieden, fuhr Henri am Ende des Kongresses wieder nach Hause. Es war interessant gewesen, das Essen hatte köstlich geschmeckt und überhaupt tat eine solche Abwechslung im Alltag immer gut. Doch jetzt freute er sich auf zu Hause, er hatte seine Familie vermisst. Das geschieht mir jedes Mal, dachte er. Wenn er fort ging, freute er sich darauf, Ruhe zu haben; doch kaum war er weg, Vermisste er Nina und seine beiden Kleinen und er hatte das Gefühl, in seiner Abwesenheit etwas zu verpassen.

Als er zu Hause ankam, fand er die Kinder schon schlafend vor. Behutsam zog er Dominiks Bettdecke zurecht und drückte Lilo einen sanften Kuss auf ihre rosigen Wangen. Nina lag im Wohnzimmer auf dem Sofa. Sie begrüßte ihn mit heiserer Stimme: »Komm mir nicht zu nahe, Schatz, ich habe einen kolossalen Schnupfen.« Sie warf ihm eine Kusshand zu. »War's schön?«

Am nächsten Morgen wurde Henri von den Kindern stürmisch begrüßt. Sie krochen beide zu ihnen ins Bett, obwohl Nina protestierte, dass sie sich alle bei ihr anstecken würden. Er kitzelte die beiden und sie tollten herum, bis Nina entschied, dass es genug sei. Sie sah erbärmlich aus, ihre Nase war rot, geschwollen und triefte. Er scheuchte die Bande in die Küche und machte Frühstück.

»Mich hat's erwischt«, meinte Nina, als er ihr einen Toast ans Bett brachte. »Ich habe schon vor ein paar Tagen gespürt, dass was im Anflug ist.« Sie musste niesen.

»Du bleibst heute am besten im Bett.«

»Ich habe den Kindern versprochen, dass wir ins Schwimmbad gehen.« Nina schnäuzte sich. »Jetzt musst eben du dran glauben.«

Schwimmen, dachte Henri irritiert. Er hatte sich vorgenommen, zum Haus zu fahren und am Dach weiterzuarbeiten. »Sie gehen sicher viel lieber mit dir hin! Warte doch, bis du wieder gesund bist«, erwiderte er.

»Sie haben sich aber schon die ganze Woche darauf gefreut. Und sie unternehmen genau so gerne etwas mit dir.«

Henri änderte seine Taktik: »Hat nicht Verena gesagt, sie würde gerne wieder mal etwas mit ihrem Patenkind unternehmen? Ich ruf sie an.«

»Henri«, hielt ihn Nina zurück, »willst du dich drücken?«

»Nein, bestimmt nicht! Ich will nur, dass die Kinder ihren Spaß haben. Weißt du was – ich nehme sie mit zum Haus. Dort können sie sich austoben. Das tut ihnen bestimmt gut. Und auf dem Rückweg gehen wir zu McDonald's und du musst nichts kochen.« Er strahlte sie an.

»Aber sie haben sich so aufs Schwimmen gefreut. Und außerdem ist eine Baustelle nichts für Kinder.«

»Vertrau mir. Du bleibst schön im Bett, ruhst dich aus und kümmerst dich um nichts.«

Bevor Nina etwas erwidern konnte, nahm er das Tablett und verschwand aus dem Zimmer.

Lilo war schnell umgestimmt. Dominik aber war enttäuscht, dass sie nicht ins Schwimmbad gehen würden. Doch als Henri ihm versprach, er dürfe dem Papa helfen, hellte sich seine Miene ein wenig auf. Als Henri dann noch die Trumpfkarte ausspielte, indem er einen Besuch bei McDonald's ankündigte, war auch Dominik gewonnen.

Als sie im Haus ankamen, gab Henri ihnen strikte Anweisungen, nichts zu berühren: »Es liegen hier scharfe Werkzeuge rum. Am besten geht ihr zum Spielen in den Garten.«

»Ich will nicht in den Garten«, quengelte Dominik. »Ich will dir helfen, du hast es mir versprochen.«

»Später. Der Papa muss erst die Werkzeuge vorbereiten.«

Nach einigem Hin und Her zogen die beiden schließlich ab. Dominik dürfe auf Lilo aufpassen, da er ja schon ein großer Junge sei, hatte Henri erklärt und ihm verboten, in den Wald zu gehen.

Henri machte sich an die Arbeit. Doch schon nach kurzer Zeit hörte er ein Gebrüll. Er stieg von der Leiter und lief aus dem Haus. Lilo war in eine Brennnessel gefallen und weinte erbärmlich. Dominik hüpfte von einem Bein auf das andere und hänselte: »Heulsuse, Heulsuse«, woraufhin sie noch lauter schrie. Henri herrschte ihn an und Dominik lief beleidigt weg. Henri hob Lilo hoch und küsste ihr gerötetes Knie. Sie wimmerte und drückte sich an ihn. Dann gähnte sie herzhaft.

»Du bist ja ein müdes Mäuschen.« Henri trug sie ins Haus, wo er sie in ihren Wagen setzte und ihr den Schnuller in den Mund steckte. Es dauerte nicht lange und sie schlief ein.

Henri stieg wieder auf die Leiter, um Maß zu nehmen. Er war zufrieden, das Dachfenster und die Sonnenkollektoren würden gut hinein passen. Nur auf der linken Seite könnte es Probleme geben, überlegte er. Er kratzte sich am Kopf und blickte nachdenklich auf die Balken.

Lilo nieste, was ihn aus seinen Überlegungen aufschrecken ließ. Er stieg von der Leiter und trat leise zum Wagen. Sie schlief immer noch. Plötzlich durchfuhr ihn ein Gedanke: Wo war Dominik? Er hatte ihn total vergessen! Besorgt rannte er hinaus.

Dominik war nirgends zu sehen. Henri lief hinters Haus, auch da war er nicht. »Dominik«, rief er immer wieder und rannte den Garten hinunter in Richtung Wald. Da hörte er von weitem kleinlaut rufen:

»Papa.«

Dominik kauerte unter einem Baum und weinte.

»Gott sei Dank!« Erleichterung durchströmte Henri und er drückte Dominik an sich. Dieser klammerte sich fest an ihn und barg den Kopf an seiner Schulter.

»Das darfst du nie mehr machen, du hast dem Papa einen großen Schrecken eingejagt.«

Dominik schluchzte auf. »Ich hab nicht mehr gewusst, wo ich bin.« Henri trug ihn zurück ins Haus. Dominik wollte sich nicht absetzen lassen und wimmerte, dass er nach Hause wolle. Als daraufhin auch noch Lilo wach wurde und laut seine Aufmerksamkeit forderte, beschloss Henri, dass es für heute genug sei. Er würde morgen nochmals kommen, entschied er und packte die Kinder ins Auto.

Am gleichen Abend, die Kinder schliefen schon lange, saß Henri im Wohnzimmer und schaute sich die Spätnachrichten im Fernsehen an. Aber er konnte sich nicht richtig konzentrieren. Nina und er hatten sich gestritten. Er hatte ihr von den Sonnenkollektoren berichtet und ihr alle Vorteile aufgezählt, die sie bringen würden. Doch Nina war strikt dagegen gewesen. »Es ist total übertrieben, so viel Geld für ein Wochenendhaus auszugeben«, hatte sie argumentiert. Sie wollte nicht einsehen, dass der Preis für diese gute Qualität mehr als angemessen sei, und sie fand, dass sie das Geld lieber für etwas ausgeben sollten, wovon alle profitieren würden. Familienferien zum Beispiel. Henri hatte ihr Unlogik vorgeworfen – das Haus wäre doch gerade zu diesem Zweck gekauft worden. Daraufhin fing sie an zu heulen und er gab es auf, weiter mit ihr zu diskutieren.

In den Nachrichten wurde gerade der Wetterbericht gesendet, als plötzlich Dominik im Türrahmen stand, seinen Teddy fest an sich gedrückt. Er lief wortlos auf Henri zu und stürzte sich in seine Arme.

Henri schaltete den Fernseher aus und fragte: »Was hast du denn? Kannst du nicht schlafen?«

»Die Hexe«, schniefte Dominik.

Henri wiegte ihn. »Hattest du einen bösen Traum?«

»Sie war im Wald, ich hab sie gesehen.«

»Im Wald?« Als Henri sanft nachfragte, erzählte ihm Dominik, dass er heute Nachmittag bis an den Waldrand gelaufen sei. Er hatte beweisen wollen, dass er wirklich schon ein großer Junge sei und keine Heulsuse wie Lilo, doch hatte er sich verlaufen und eine Hexe hatte ihn fangen wollen und jetzt könne er nicht schlafen, weil er Angst habe, die Hexe käme wieder, diesmal durch sein Fenster herein.

Henri gelang es, Dominik zu beruhigen, indem er mit ihm zusammen das Fenster ganz fest schloss und ihm einen Zauberkuss gab, der vor Hexen schützen sollte, so dass sie nichts Böses tun können.

Dann legte er ihn wieder in sein Bett und setzte sich neben ihn. Dominik griff nach seiner Hand und hielt sie fest. Aufseufzend flüsterte er: »Papa, heute war kein schöner Tag.«

Henris Herz zog sich schmerzlich zusammen und er spürte, wie ihm die Tränen kamen. Verstohlen wischte er sie weg, dann beugte er sich über Dominik und drückte ihn fest an sich. »Papa hat dich lieb«, flüsterte er.

Anschließend streichelte er Dominiks Kopf, bis er einschlief und seine Atemzüge tief und regelmäßig wurden.

Henri selbst fand in dieser Nacht kaum Schlaf. Was er mit Dominik erlebt hatte, hatte ihn mitten ins Herz getroffen. Er lag im Dunkeln und dachte voll innerer Qualen an all das, was sein Sohn heute wegen ihm hatte durchmachen müssen. Er machte sich einen Vorwurf nach dem anderen: Er hätte schwimmen gehen sollen, er hätte Dominik nicht vergessen dürfen, er hätte merken müssen, das etwas nicht stimmte und überhaupt sollte er ein besserer Vater sein. Erst lange nach Mitternacht schlief er endlich ein.

Er träumte, Dominik und er liefen aufs Haus zu, doch bevor sie eintraten, kehrte sich Dominik um und marschierte schnurstracks in den Wald. Henri wusste, dass etwas Böses zwischen den Bäumen lauerte, doch obwohl er Dominik folgen und ihn retten wollte, kam er nicht vom Fleck. Schweißgebadet wachte er auf. Sein Herz klopfte wild, und er fühlte sich hilflos und elend. Er hatte das Bedürfnis, Nina zu wecken, um sich von ihr trösten zu lassen, doch er erinnerte sich an ihren Streit und so ging er schließlich in die Küche, wo er ein Glas Milch trank und sich wieder beruhigte. Danach schlief er rasch ein.

Um fünf Uhr früh war er aber schon wieder wach und musste sofort wieder an den Traum denken. Das schreckliche Gefühl, das er vor ein paar Stunden gehabt hatte, stieg erneut in ihm hoch. Um es loszuwerden stand er leise auf und suchte im Dunkeln seine Kleider zusammen. Er zog sich im Badezimmer an, kochte sich anschließend eine Tasse Kaffee und ging damit in den Keller. Dort begann er, Bretter für die Regale auszumessen. Als er hörte, dass die Kinder im oberen Stockwerk herumtrampelten, war er fast fertig. Als Nina eine Weile später die Tür mit einem: »Ach, hier bist du!« aufstieß, zeigte er stumm auf die montierten Regale. Dann trat er auf sie zu und nahm sie in die Arme. »Es tut mir leid«, murmelte er.

Beim gemeinsamen Frühstück brachte Henri fast keinen Bissen herunter. Er fühlte sich erschöpft und hatte einen merkwürdigen Druck auf der Brust. Dazu kam, dass die Stimmung zwischen ihm und Nina immer noch leicht gespannt war. Sie war höflich zu ihm, blieb aber auf Distanz.

Am liebsten wäre er wieder ins Bett gekrochen, doch Nina fand, es gehe ihr schon viel besser und er könne ruhig ins Haus fahren. Henri vermutete, dass sie ihn loswerden wollte, was ihn noch mehr bedrückte. Als Henri eine Stunde später, immer noch bedrückt, im Haus angekommen war, schien es ihm auf einmal kaum von Bedeutung zu sein, ob ein Dachfenster eingebaut werden sollte und welche Sonnenkollektoren montiert werden würden. Das schien ihm alles völlig unwichtig zu sein. Ziellos lief erherum, hob dieses und jenes auf, um es gleich wieder fallen zu lassen. Er entdeckte Lilas Schnuller, und sein Hals schnürte sich zu. Der Schmerz in seiner Brust, der ihn schon den ganzen Morgen nicht verlassen hatte, wurde stärker. Er lehnte sich an seine Hobelbank, starrte auf den Boden und spielte gedankenverloren mit dem Schnuller in seiner Hand. »Mir tut das Herz weh«, gestand er sich aufseufzend ein.

Im Haus war es ganz still. Henri hörte das Rauschen der Bäume im Wind und ab und zu den Schrei eines Eichelhähers. Er konnte auch ein leises, rhythmisches Klopfen vernehmen. Er horchte genauer hin. Das Geräusch schien vom Fenster her zu kommen, und er entdeckte, dass ein Ast leicht gegen die Scheibe schlug. Er beobachtete, wie sich dieser im Wind wiegte, und nach einer Weile merkte er, dass das Klopfen mit seinen Atemzügen übereinstimmte. Das war beruhigend und lullte ihn ein. Ohne es zu merken, hatte er die Augen geschlossen. Er wusste nicht, wie lange er so gestanden hatte, doch auf einmal wurde das Klopfen lauter und schneller. Sofort begann sein Herz ebenfalls schneller zu schlagen und verängstigt riss er die Augen auf. Sein Blick fiel direkt auf eine hässliche Fratze, die sich, zwischen den Blättern durch, gegen die Fensterscheibe drückte. Henri schrie auf. Sofort verschwand das hässliche Gesicht wieder. Er rannte zum Fenster. Es wurde ihm gleich klar, dass hier unmöglich ein Mensch gestanden haben konnte.

Henri setzte sich mit klopfendem Herzen auf eine Kiste. Er wusste, er hatte die Hexe gesehen, wie gestern der arme Dominik. Er schlug die Hände vors Gesicht und stöhnte auf. Tränen traten in seine Augen.

»Ich bin ein Rabenvater«, schluchzte er auf. Der Ast schlug wie wild ans Fenster und voller Schmerz schrie er ihm zu: »Das muss sich ändern!« Bei diesen Worten prallte der Ast mit voller Wucht gegen das Fenster und gleißendes Licht brach durch die Scheibe. Instinktiv warf sich Henri auf den Boden. Er hörte, wie es vom Fenster her klopfte und rauschte und zischte und klirrte, und er vergrub voller Angst seinen Kopf unter den Armen. Doch es geschah weiter nichts und die Geräusche wurden immer leiser, bald hatte das Klopfen sogar ganz aufgehört. Nach einer Weile hörte er nur noch seinen eigenen Herzschlag und Vogelgezwitscher aus dem Wald.

Er wagte, vorsichtig den Kopf zu heben. Die

Werkzeuge lagen immer noch an ihrem Platz, doch als er, mutiger geworden, zum Fenster aufschaute, war dieses verschwunden und an seiner Stelle – Henri traute seinen Augen nicht – hing ein großer, altmodischer Spiegel mit einem reich verzierten Rahmen, dessen Gold stumpf und abgeblättert war.

Erstaunt setzte sich Henri auf und starrte auf die Erscheinung. Plötzlich sah er, wie seine Gestalt im Spiegel auftauchte. Er riss erschrocken die Augen auf. Sein Spiegelbild tat dies ebenso. Aber es tat noch mehr: es hob den Arm und winkte.

Henri wurde schwindlig. Er beugte sich nach vorn und legte den Kopf in seine Hände.

»Tief einatmen«, hörte er eine Stimme sagen. Er atmete langsam ein und aus.

»Noch mal«, sagte die Stimme. Henri holte erneut tief Atem.

»Und nun setz dich langsam auf.«

Henri setzte sich langsam auf. Er konnte gar nicht anders, als das zu tun, was die Stimme von ihm verlangte. Er musste verhext sein!

Kaum hatte er diesen Gedanken gehabt, sagte die Stimme: »Dummes Zeug, nichts von Hexerei. Du bist im Spiegelland gelandet!«

Henris Blick schnellte zum Spiegel hoch. Sein Spiegelbild winkte ihm zu: »Richtig, hier bin ich.«

Henri schüttelte den Kopf. Mein schlechtes Gewissen erzeugt ganz offensichtlich Horrorvisionen, dachte er.

»Visionen. Papperlapapp. So glaub es doch endlich. Dein schlechtes Gewissen hat mich gerufen.«

»Dich gerufen? Wer bist du überhaupt?«

»Das hab ich dir doch schon gesagt. Du bist im Spiegelland, also bin ich dein Spiegelbild. Ist doch nicht so schwer zu kapieren!« Das Spiegelbild schüttelte den Kopf.

»Aber ...«

»Nichts aber. Du hast erklärt, dass du ein Rabenvater bist, was du aber nicht sein möchtest. Also bin ich gekommen, um dir zu helfen. Ganz einfach.«

Henri kratze sich nachdenklich am Kopf. »Aber wieso ...«

»Frag nicht so viel«, unterbrach ihn das Spiegelbild. »Und jetzt fang an.«

Empört erwiderte Henri: »Ich lass mir doch nicht ...«

»Oh doch«, unterbrach ihn das Spiegelbild erneut. »Im Spiegelland musst du dir alles gefallen lassen. Oder willst du dich etwa nicht ändern?«

Trotzig erwiderte Henri: »Das geht dich nichts an.«

»Bitte sehr. Du kannst auch einfach so weitermachen wie bisher. Noch mehr Tränen, Angstträume und Streit, noch mehr Herzweh und Schuldgefühle.«

Das Spiegelbild verschränkte die Arme.

Henri senkte den Kopf. »Ich will mich schon ändern«, sagte er leise. Sobald er das gesagt hatte, fühlte er sich erleichtert und irgendwie mutig. Er blickte seinem Spiegelbild ins Gesicht, holte tief Luft und sagte: »Also gut, hilf mir.«

Das Spiegelbild blickte ihn grinsend an: »Schlauer Fuchs. Eine gute Entscheidung.«

Henri musste schmunzeln. »So haben sie mich in der Schule genannt.«

»Ich weiß«, sagte das Spiegelbild.

»Du weißt das? Woher?«, fragte Henri erstaunt.

»Ich weiß alles über dich. Das ist im Spiegelland so. Uns kannst du nichts vormachen!« Das Spiegelbild nickte befriedigt. »Ich weiß zum Beispiel auch, dass sie dich so nannten, als es dir gelang, eurer Konkurrenz den großen Auftrag vor der Nase wegzuschnappen.«

Henri lachte laut auf. »Ach das! War wirklich schlau!«

»Ich weiß aber auch«, fuhr das Spiegelbild fort, »dass du ein schlauer Fuchs bist, wenn es darum geht, dir deinen Vorteil zu holen. Oder etwas zu erhalten, das man dir nicht geben will. Oder etwas durchzusetzen, dass du unbedingt willst.« Es schaute Henri missbilligend an.

»Listiger Fuchs würde besser passen. Hinterlistiger sogar«, ergänzte es. Henri wollte protestieren, doch das Spiegelbild ließ ihn nicht zu Wort kommen. »Sei ehrlich, Henri.«

Beschämt senkte Henri den Kopf. Er wusste, dass das Spiegelbild Recht hatte. Er wählte nicht immer faire Methoden, um an sein Ziel zu kommen, gestand er sich ein. Und er konnte wirklich sehr berechnend sein.

»Vor allem, wenn es um die Erfüllung deiner Wünsche geht.«

Erstaunt blickte Henri das Spiegelbild an. »Gedanken lesen kannst du auch?«

Das Spiegelbild machte eine wegwerfende Handbewegung. »Natürlich kann ich das. Und ich kann noch ganz anderes! Hier ist eine kleine Kostprobe für dich. Du wirst staunen!«

Es klatschte in die Hände und begann zu schrumpfen. Als es ganz verschwunden war, tauchte Dominik im Spiegel auf.

Er blickte Henri in die Augen und fragte: »Papa, gehen wir heute schwimmen?«

»Nein, ich will zum Haus fahren«, krächzte Henri, ohne es zu wollen. Erschrocken schlug er sich die Hand vor den Mund.

»Papa«, fragte Dominik wieder, »darf Rudi zu mir spielen kommen« Henri entfuhr laut und deutlich: »Nein, ich habe keine Lust, auf zwei Kinder aufzupassen.« Schweiß trat auf seine Stirn.

»Papa, ich will nicht mit in den Baumarkt. Das ist so langweilig.« Henri presste die Lippen zusammen, trotzdem hörte er sich sagen: »Nicht für mich, du kommst mit.«

»Hör auf!«, schrie er gequält auf.

Sofort verschwand Dominik aus dem Spiegel und das Spiegelbild tauchte wieder auf. »Und?« Es sah ihn fragend an.

Henri fühlte, wie ihm Tränen in die Augen traten. Er schluckte schwer. »Dominik kommt zu kurz«, flüsterte er. »Es tut mir so leid.«

»Es tut dir leid, ja, ja, das haben wir schon oft gehört«, rief das Spiegelbild spöttisch, »aber gebessert hast du dich trotzdem nicht.«

Henri begann zu weinen.

»Das beeindruckt mich überhaupt nicht«, fuhr das Spiegelbild ungerührt fort. Es begann zu summen und in eintönigem Singsang wiederholte es Henris eigene Worte: »Es tut mir leid, Nina, dass ich dir die Regale nicht schon früher montiert habe. Entschuldigung, Nina, dass ich mich gestern so unmöglich benommen habe. Es tut mit leid, dass ich dich anschrie. Ich habe ein schlechtes Gewissen, dass du wegen mir deinen Kurs verpasst hast. Es tut mir leid, dass du zu kurz kommst. Entschuldigung, dass ...«

Henri hielt sich die Ohren zu. Das Spiegelbild verstummte. Henri nahm die Hände wieder herunter. »Ich hab's begriffen«, sagte er schniefend.

»Überzeuge mich«, erwiderte das Spiegelbild und zog ungläubig die Augenbrauen hoch .

Henry schnäuzte sich in einen herumliegenden Lappen und schmierte sich dabei Öl auf die Wangen. »Ich benehme mich manchmal wirklich unmöglich«, begann er zu erklären, »und dann muss ich mich entschuldigen und ...«

»Pah«, unterbrach ihn das Spiegelbild. »Dass du dich miserabel aufführst, begreift jedes Kind!« Henri zuckte zusammen. »Mehr hast du aber offensichtlich nicht kapiert«, setzte es nach.

Henri fiel in sich zusammen. Ich habe versagt, dachte er, ich bin ein miserabler Ehemann und ein miserabler Vater und begreife gar nichts. Er schaute verzweifelt zum Spiegelbild auf. » Bitte sag mir, was ich machen soll.«

Das Spiegelbild lächelte ihm zu. »Setz dich erst mal bequem hin. Hier.« Es klatschte in die Hände und vor Henri stand ein Diwan, der offensichtlich einmal ein prunkvolles Möbelstück gewesen sein musste, dessen senfgelbe Polsterung nun aber durchgesessen und verblichen war. Henri wunderte sich über nichts mehr. Er seufzte und setzte sich hin.

»Und jetzt beruhige dich«, sagte das Spiegelbild mit fester, aber freundlicher Stimme. »Glaub mir, du bist kein Versager.«

Diese Worte taten Henri gut und er fühlte sich schon besser. Er lächelte das Spiegelbild zaghaft an.

»Dass du dich ab und zu miserabel benimmst«, fuhr es fort, »das wirst du ja jetzt ändern. Dafür bist du hier.«

Henri nickte eifrig.

»Bist du bereit?«

»Ja«, antwortete Henri erleichtert.

»Gut«, fuhr das Spiegelbild fort, »ich werde dir sagen, was du machen musst. Doch nicht, bevor du mir etwas sagst.«

»Was willst du wissen?«, fragte Henri eifrig.

»Sag mir, was du schlecht kannst.« Henri stutzte. »Wie meinst du das?«

»Kannst du zum Beispiel teilen? Kannst du verzichten? Entsagen?

Denk ein wenig nach.«

Henri lehnte den Kopf an den Rücken des Diwans. Teilen?, überlegte er, ich kann schlecht teilen, kam er zum Schluss und fuhr sich nachdenklich durchs Haar. Er musste sich weiterhin eingestehen, dass er Mühe hatte zu verzichten. Und ich kann schlecht Kompromisse machen, gab er im Stillen zu, und nachgeben kann ich schon gar nicht.

»Ja, das kannst du wirklich besonders schlecht«, unterbrach das Spiegelbild seine Grübeleien.

Henri hob den Kopf und blickte es verlegen an. »Es ist mir wirklich peinlich, dass du meine Gedanken lesen kannst«, bemerkte er.

Das Spiegelbild schmunzelte. »Mach dir nichts draus, ich verwende sie sicher nicht gegen dich.« Es zwinkerte ihm zu und fuhr fort: »Wie steht's zum Beispiel damit, anderen freiwillig etwas zu schenken? Oder anderen den Vortritt zu lassen? Etwas zu geben, auch wenn für dich nichts dabei rausspringt? Kannst du das?«

Mit gesenktem Blick antwortete Henri: »Auch nicht besonders gut.«

»Wünschen entsagen?«

Henri wusste nicht genau, was das Spiegelbild damit meinte, doch bevor er nachfragen konnte, sagte es: »Ich zeig's dir.«

Es klatschte in die Hände und Nina erschien im Spiegel. Henri beobachtete, wie das Spiegelbild ihr die Hand schüttelte und sie bat, Platz zu nehmen. Es fragte Nina: »Wie benimmt sich Henri, wenn ihm ein Wunsch nicht erfüllt wird?«

»Wenn Henri nicht kriegt, was er will«, hörte er Nina antworten, »dann lässt er mich das spüren. Er schmollt, ist beleidigt, macht mir Vorwürfe und kritisiert mich.«

»Ziemlich kindisch«, kommentierte das Spiegelbild.

»Ich bin nicht kindisch«, protestierte Henri, doch die beiden im Spiegel beachteten ihn nicht und fuhren mit ihrem Gespräch fort.

»Kindisch, genau so!«, sagte Nina »Ich habe dann drei Kinder am Hals.« Sie kicherte. »Kürzlich«, fuhr sie fort und beugte sich verschwörerisch zum Spiegelbild hinüber, »hätte ich ihn auf den Mond schießen können, das kann ich dir sagen. Ich kam nach meinem Kurs heim, der Herr konnte natürlich seine Zeitung nicht in Ruhe lesen und da ...« Das Spiegelbild hob abwehrend die Hände hoch und grinste. »Ich weiß, ich weiß, ich kenne die Episode.«

Nina schüttelte den Kopf: »Ich sage dir, Henri hat überhaupt keine Frustrationstoleranz.«

»Das ist blödester Psychologenjargon«, rief Henri hitzig dazwischen.

Diesmal drehten sich beide nach ihm um. »Aber es stimmt«, riefen sie gleichzeitig laut.

Henri rutschte tiefer ins Sofa. Nina fuhr ihn an: »Alles muss nach deinem Kopf gehen, sonst wirst du stinkig.« »Einem Wunsch entsagen kannst du eben nicht«, setzte das Spiegelbild nach.

»Du willst immer das Beste für dich selbst, weniger kommt nicht in Frage«, klagte Nina weiter. »Du bist immer nur auf deinen eigenen Vorteil fixiert«, warf das Spiegelbild ein. »Genau«, rief Nina. »Und dann stellt du immer alles so dar, als hättest du nur das Wohlergehen der anderen im Auge gehabt. Damit versuchst du aber nur zu verbergen, dass es dir eigentlich um deinen Vorteil geht. ‚Es tut den Kindern gut'«, äffte sie ihn aufgebracht nach. »Es wird ihnen Spaß machen.«

Ninas Augen blitzten wütend. Das Spiegelbild schmunzelte und legte ihr eine Hand auf die Schulter. »Schlauer Fuchs, unser Henri«, sagte es zu ihr. »Er kann tatsächlich ganz schön charmant und verführerisch sein, wenn's darum geht, das zu bekommen, was er will.«

»Schlauer Fuchs!«, rief Nina empört. »Ein berechnender, hinterlistiger, egoi...« Das Spiegelbild klatschte in die Hände und sofort löste sich Nina in Nichts auf. »Das reicht«, sagte es zu Henri, der mit eingezogenen Schultern auf dem Sofa saß.

Henri blickte es dankbar an. »Puh«, sagte er. »Ich bin ganz erschlagen.«

»Tief durchatmen«, wies ihn das Spiegelbild an.

Henri holte Luft und ließ sie langsam ausströmen. Eine Weile saß er stumm da, dann seufzte er tief auf.

»Sie hat Recht«, sagte er schließlich.

»Du hast es erkannt?«, fragte das Spiegelbild.

»Ja«, erwiderte Henri traurig. »Es ist wahr. Ich will imm er das Beste für mich herausholen. Und ich kann schlecht auf meine Wünsche verzichten, das gebe ich zu. Und dass ich nie etwas gebe, ohne dass es letztlich zu meinem Vorteil ist, das stimmt auch.«

»Gut«, lobte ihn das Spiegelbild.

»Gut! Was soll daran gut sein? Ich bin lieblos und berechnend, Nina leidet und die Kinder und überhaupt ...« Henri war den Tränen nahe und biss die Zähne zusammen.

Das Spiegelbild lachte auf. »Dummkopf! Gut ist natürlich, dass du eingesehen hast, was du schlecht kannst.«

»Aha«, schniefte Henri. Ein zaghaftes Lächeln huschte über sein Gesicht.

»Jetzt kannst du nämlich lernen, es besser zu machen.« Henri ballte die Fäuste. »Das will ich unbedingt.«

»Gut.« Das Spiegelbild zwinkerte ihm zu. »Und jetzt entspann dich wieder.«

Henri öffnete die Fäuste und legte die Hände in seinen Schoß. Es ist wahr, dachte er, was das Spiegelbild sagt.

»Natürlich ist es das«, sagte dieses. »Ich bin ja schließlich da, dir zu helfen.«

»Danke.« Henri strahlte es an. Dann fragte er zögernd: »Sagst du mir jetzt, wie ich es besser machen kann?«

»Ja, klar doch«, antwortete das Spiegelbild.

»Du bist toll!«, rief Henri erfreut.

»Und du bist ein Geizhals.«

Verdattert saß Henri da und wartete darauf, dass das Spiegelbild ihm dies erklärte.

Doch das Spiegelbild blieb stumm. Dafür klatschte es wieder einmal in die Hände und der Diwan, auf dem Henri saß, löste sich ins Nichts auf. Henri plumpste erschrocken zu Boden.

Das Spiegelbild grinste ihn frech an und dann verschwand es aus dem Spiegel. Der Rahmen begann zu glänzen, immer heller zu funkeln und mit einem goldenen Aufblitzen verschwand der Spiegel plötzlich ebenfalls.

Benommen starrte Henri auf das Fenster, das nun wieder zu sehen war und hinter dessen Scheibe der Ast im Wind schaukelte wie zuvor.

Das Spiegelbild hat mich betrogen, durchfuhr es

ihn schmerzhaft. Es hat sein Versprechen gebrochen und lässt mich im Stich. Sein Herz zog sich zusammen. Das tat weh. Er fühlte sich verletzt und missbraucht und mit Entsetzen wurde ihm bewusst, dass es seiner Familie ebenso ergehen musste, wenn er seine Versprechen nicht hielt. Verzweifelt klatschte er in die Hände: »Du musst mir helfen! Komm zurück.« Da krachte der Ast gegen das Fenster, einmal, zweimal, immer wieder, und bei jedem Schlag ertönte ein lautes *»Geizhals, Geizhals, Geizhals«*.

Henri rannte zum Fenster und riss es auf. In diesem Moment bewegte sich der Ast nicht mehr. Nur ein einzelnes Blatt wippte noch auf und ab. Henri schaute genauer hin und entdeckte, das etwas darauf geschrieben war. Er beugte sich hinaus und pflückte es ab.

»Lieber Henri«, liest er. »Das Spiegelland bricht seine Versprechen nie. Du bist ein Geizhals, das musst du ändern. Wie das geschehen kann, steht auf diesem Blatt. Mach's gut.«

Das Spiegelbild hatte ihn nicht betrogen! Beglückt trägt Henri das Blatt zurück ins Zimmer. Mit jedem seiner Schritte gewinnt es an Größe und Festigkeit. Als er sich schließlich auf die Hobelbank setzt, hält er einen langen, grünen Papierbogen in der Hand, der von oben bis unten beschrieben ist.

Aufgeregt rollt Henri ihn auf und beginnt zu lesen.

Als Geizhals kann man einen Menschen bezeichnen, der seine Güter hortet, sie eifersüchtig bewacht und sich nur unwillig von ihnen trennt. Ein Geizhals ist auch jemand, der sich davor drückt, etwas zu geben, und wenn er es dennoch tut, gibt er nur das Nötigste.

Wenn Menschen also geizig sind, teilen sie nichts mit anderen. Sie können von ihrem Besitz nicht loslassen und deshalb auch nichts verschenken.

Geiz ist nun aber eine Eigenschaft, die sich nicht nur im Umgang mit Materiellem zeigt. Es gibt zum Beispiel auch Menschen, die mit ihrer Zeit geizen. Oder solche, die geizig sind mit ihrer Liebe oder überhaupt ein geiziges Herz haben.

Ein geiziges Herz äußert sich darin, dass es nicht zu Gunsten der anderen auf etwas verzichten kann.

Deshalb können wir mit einem geizigen Herzen schlecht Kompromisse eingehen, da wir weder nachgeben noch entsagen wollen. Zudem achten wir sehr genau darauf, wie viel uns zusteht und dass wir immer Vorteile haben. Freiwillig schenken wir niemandem etwas, es sei denn, dass wir selbst davon profitieren können.

Obwohl Geiz eine offensichtlich unschöne Eigenschaft ist, so entspringt er doch einer wichtigen und nützlichen menschlichen Anlage: der Fähigkeit nämlich, sich nehmen zu können, was man braucht oder haben möchte. Wenn sich aber diese Anlage zu sehr ausweitet, zerstört sie das Gleichgewicht zwischen Geben und Nehmen. Dies geschieht immer dann, wenn Menschen vorrangig darauf bedacht sind, auf ihre Kosten zu kommen. Wenn sie in ihrer Habgier viel nehmen, aber wenig geben. Wenn sie, mit anderen Worten, Geizhälse geworden sind.

Geizig zu sein hat ungute Folgen für uns Menschen. Es besteht dann zum Beispiel die Gefahr, dass wir die anderen benachteiligen oder sie gar hintergehen. Zudem haben wir mit Geiz keine Distanz zu unseren eigenen Wünschen, so dass wir zu deren Sklaven werden.

Nicht zuletzt macht Geiz unser Herz eng und lässt es verrohen.

Auch wenn wir durch unseren Geiz Reichtümer ansammeln, oft anderen gegenüber im Vorteil sind und unsere Wünsche sich erfüllen, werden wir doch dadurch nicht reicher. Im Gegenteil: Wir verarmen dabei. Wir verlieren unsere Herzendwärme und unsere Integrität; wir verlieren Freunde und entfremden uns von unseren Lieben. Am Ende werden wir durch Geiz nicht mit Glück und Frieden gesegnet, sondern wir ernten Streit und Ärger – und natürlich auch Angst.

Denn unser Geiz ruft die Angst hervor, das zu verlieren, was wir besitzen; benachteiligt zu werden oder etwas nicht zu erhalten. Er lässt uns gegen diese oftnur vermeintlichen Gefahren ankämpfen – zum Teil sogar mit allen Mitteln.

Ein geiziges Herz bringt seinen Trägern und ebenso den Menschen, mit denen sie in Beziehung treten, Leiden. Um solches Leiden zu verhindern und den Geiz zu überwinden, brauchen wir Großzügigkeit.

Großzügigkeit öffnet das Herz und lässt es mitfühlend sein. Ein mitfühlendes Herz hilft, wo Hilfe gebraucht wird. Ein großzügiges Herz gibt, wo es geben kann.

Dank Großzügigkeit schenkt man mit leichtem Herzen und vollen Händen. Man schenkt, um Freude zu bereiten und Glück zu verbreiten.

Ein großzügiges Herz freut sich über die Freude und das Glück der anderen, ohne Neid oder Missgunst.

Ein großzügiges Herz ist frei von Berechnung. Es gibt freiwillig und es kann mehr geben, als es erhält.

Großzügigkeit macht fair. Sie lässt Kompromisse schließen und nichts auf Kosten anderer geschehen.

Großzügigkeit lässt freiwillig zu Gunsten eines anderen verzichten. Sie lässt der eigenen Wünsche entsagen, um die der anderen zu erfüllen.

Großzügigkeit bringt Abstand zu den eigenen Wünschen. Sie hilft loszulassen und verhindert so die Frustrationen, die bei der Nicht-Erfüllung von Wünschen entstehen.

Eine großzügige Haltung wird reichlich beschenkt mit dem Glück, zu dem sie beiträgt.

So raten wir dir, lieber Henri, und allen anderen Geizhälsen:

Seid großzügig! Gebt freiwillig und von Herzen.
Ihr werdet die Welt dadurch
mit Glück und Frieden bereichern.

DER ERSTE SCHRITT

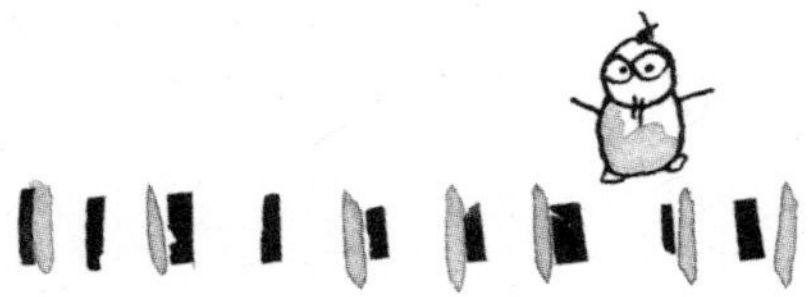

Als Louisa aufwachte, begann es gerade zu dämmern. Vorsichtig schlüpfte sie aus dem Bett und lief leise ins Badezimmer. Der gewohnte Blick aus dem Fenster war ihr heute verwehrt – eine graue Wolke nahm jede Sicht. Sie sah nicht einmal die Äste der Birke. Louisa presste ihr Gesicht an die kalte Scheibe. Es kam ihr vor, als ob der Nebel sich gegen das Glas drückte, um auch noch das Innere des Hauses zu durchdringen. Fröstelnd zog sie die Schultern hoch und huschte zurück ins Schlafzimmer.

Unter der Decke war es schön warm, und wohlig nickte sie noch einmal ein. Sie träumte, sie tanze auf einer hell beleuchteten Bühne. Mit erhobenen Armen schwebte sie voller Grazie dahin, bis sie plötzlich merkte, dass ihr Kostüm nicht richtig zusammengenäht war und Stück für Stück von ihr abfiel. Bevor sie ganz nackt dastand, erwachte sie. Ihr Herz klopfte heftig. Gerade noch rechtzeitig, dachte sie erleichtert und rieb sich die Augen, um wach zu werden. Dann drehte sie sich auf den Rücken und grübelte über den Traum nach. Ihr wurde bald klar, was er bedeutete. Die Aufführung natürlich! In zwei Wochen war die Generalprobe und bis dahin musste sie die Kostüme fertig genäht haben. Aber sie war mit der Arbeit nicht weiter gekommen, seit Hanna da war. Louisa seufzte besorgt auf und zog die Decke enger um sich.

Sie würde es nur schaffen, wenn sie jetzt zügig an die Arbeit ging, das wusste sie. »Ich will in jedem Fall rechtzeitig fertig werden«, murmelte sie ins Kissen. Dies war immerhin ihr erster richtiger Auftrag. Sie wurde sogar gut bezahlt dafür. Louisa musste lächeln. Sie streckte einen Arm unter der Decke hervor und legte ihren Kopf in seine Beuge. So lag sie eine Weile ruhig da und starrte die hölzernen Balken an, die die Decke trugen. Sie dachte darüber nach, ob sie wirklich professionell genug war, um diese Aufgabe zu meistern.

John behandelt mich wie einen echten Profi, dachte sie, was ich ja eigentlich auch bin, obwohl ... Louisa blickte auf die Fotos der Kinder, die von der schmalen Kommode neben dem Bett zu ihr herablächelten. Sie gestand sich ein, dass es schon lange her war, seit sie ihren Beruf ausgeübt hatte, und dass sie ein bisschen aus der Übung gekommen war.

Aber, rechtfertigte sie sich gleich, sie hatte ja mit dem Nähen nie ganz aufgehört.

Louisa zog den Arm unter dem Kopf hervor und strich über den flaschengrünen Flanellärmel. Selbst dieses Nachthemd hatte sie genäht, versuchte sie sich zu beruhigen. Und sie hatte immerhin unzählige Kostüme für Kinderumzüge und Maskenbälle hergestellt, so wie sie auch jedes Jahr die Aufführung des Theatervereins ausstattete. Und überhaupt: John hatte gesagt, sie habe Talent!

Louisa musste gähnen. Sie drehte sich auf die linke Seite, rollte sich zusammen und schloss die Augen. Doch sie konnte den Strom ihrer Gedanken nicht aufhalten. Unwillkürlich musste sie an John denken. Louisas Meinung nach hatte auch er Talent, großes sogar. Das Stück, das er inszenierte, fand sie zwar grundsätzlich ein bisschen langweilig, doch John machte daraus eine peppige Sache. Auch gab er seinen Leuten viel Raum, eigene Ideen zu entwickeln. Ihr hatte er sogar ganz freie Hand gelassen. Louisa erinnerte sich, wie er ihr zu Beginn erklärt hatte: »Du bist verantwortlich, dass das Feeling rüberkommt; wie du das machst, ist mir egal.«

Louisa öffnete die Augen und streckte sich. Sie begann, an ihrer Lippe zu kauen. Diese Herausforderung hatten ihr zeitweise große Angst gemacht, das musste sie zugeben. Stundenlang hatte sie über ihren Entwürfen gebrütet und oft an ihnen gezweifelt. Doch es hatte auch Spaß gemacht, das wollte sie nicht vergessen. Louisas Augen begannen zu glänzen. Herauszufinden, wie sie den Fall des Stoffes den Bewegungen der Tänzer anpassen konnte, ohne gleichzeitig eine Bewegung zu behindern – das war eine schöne Herausforderung gewesen. Und zudem, gestand sie sich ein, genoss sie es, ihr Talent unter Beweis stellen zu können.

Louisa drehte sich wieder auf den Rücken und legte beide Hände auf ihren warmen Bauch. Mit Befriedigung dachte sie daran, dass ihre Entwürfe John gut gefallen hatten. Und dass sie, nach langem Suchen, endlich den richtigen Stoff gefunden hatte.

Beim Gedanken an den Stoff schlug Louisas Herz höher. Das war Liebe auf den ersten Blick gewesen! Sie hatte sofort gewusst, dass er perfekt für ihren Entwurf war.

Sie vergegenwärtigte sich seine Beschaffenheit, stellte sich das Silber vor, das wunderbar hell glänzte, und sie dachte daran, wie steif er wirkte, metallen fast, doch wie weich er fiel, sobald man ihn bewegte. Allein nur bei der Vorstellung dieser Silberpracht spürte Louisa, wie sie es kaum mehr erwarten konnte, damit zu arbeiten. Sie seufzte bedauernd und strich sich leicht über den Bauch. Eigentlich könnte sie loslegen, nur ließ Hanna ihr keine Zeit.

Sofort ermahnte sie sich wegen dieses Gedankens. Schließlich konnte Hanna nichts dafür, und in ihrer Lage brauchte sie eben Unterstützung und jemanden, mit dem sie reden konnte. Eigentlich aber, wenn sie ganz ehrlich war, wünschte sie sich doch, Hanna würde ...

Hier wurden Louisas Gedanken vom lauten Piepsen des Weckers unterbrochen. Bevor sie reagieren konnte, hatte Erich ihn schon ausgemacht. Der Tag hatte begonnen.

Erich bestrich seinen Toast mit einer dicken Schicht Marmelade und biss genüsslich hinein. Er nahm einen Schluck Kaffee und stellte fest: »Wie schön, wieder mal in Ruhe zu frühstücken.«

Louisa stellte ihre Tasse hin. »Nun sei nicht so.«

»Wo ist sie überhaupt?«

»Sie schläft noch.«

»Gott sei Dank, ich hab die Nase voll von all dem Geheule«, mischte Simon sich ein.

»Sei nicht so frech«, tadelte ihn Hanna.

»Er hat aber recht«, unterstützte Erich seinen Sohn. Louisa erwiderte: »Hanna geht durch eine schwere Zeit.«

»Sie ist nicht die Einzige, die von einem Mann

verlassen wurde«, brummte Erich.

»Das macht es nicht einfacher.«

»Aber warum musst ausgerechnet du dich um sie kümmern?«, fragte Simon kauend. »Sie ist schließlich Veronikas Schwester.«

»Du kennst ja deine Mutter – sie rettet alles, was kreucht und fleucht.«

»Erich!« Louisa warf ihm einen scharfen Blick zu. »Veronika hat nicht genügend Platz in ihrem Haus.«

»Und? Das ist ihr Problem.«

Wer will noch einen Toast?«, wechselte Louisa das Thema.

»Nein danke, ich muss jetzt los. Übrigens Schatz, könntest du die Pläne für mich abholen?« Erich stand auf und gab ihr einen Kuss. »Bis heute Abend.«

Simon ging bald darauf auch. Nur Jeanette musste dreimal gerufen werden, bis sie sich endlich vom Spiegel losriss und ohne Frühstück davon eilte. Das Haus wurde still.

Louisa war in der Küche sitzen geblieben, wo sie ihren Kaffee austrank. Hanna war immer noch nicht erschienen. Spontan beschloss Louisa, die Situation für sich zu nutzen. Sie ließ das schmutzige Frühstücksgeschirr in der Spüle stehen und lief die Treppe hinunter in ihr Arbeitszimmer.

Es befand sich in einem Anbau hinter dem Haus

und war eine Art gedeckter Veranda mit einer durchgehenden Fensterfront. Zwar herrschte ein wenig Durchzug und es ließ sich im Winter nur schwer heizen, aber dafür war es luftig und hell und man hatte das Gefühl, im Freien zu sitzen. Louisa war stolz auf ihren Raum. Sie nannte ihn »mein Atelier«. Das klang nach ernsthafter Arbeit und dies war ja schließlich auch der Anspruch, den sie hatte. Sie hatte sich beim Einrichten große Mühe gegeben. Es sollte ein Ort werden, an dem sie sich ausschließlich auf ihre Dinge konzentrieren konnte. Sie hatte ganz allein Regale montiert, alte Möbel aufgearbeitet und die Wände neu gestrichen. Erich hatte ihr eine Weinrebe in den Raum gezogen, die schon bald ihre Ranken über die ganze Decke hin ausgebreitet hatte. Nun stand in der Mitte ein langer Tisch mit einer großen Holzplatte, daneben thronte ihre Nähmaschine und rundum wucherte allerlei Grünes in Töpfen. Der Raum war ihre Oase, in die sie sich zurückzog, wenn sie den täglichen Ansprüchen, die an sie gestellt wurden, entfliehen wollte.

Louisa öffnete die Tür und blieb überrascht stehen. Am oberen Ende des Tisches saß Hanna und strahlte sie an: »Dieser Raum ist ja so friedlich. Voll heilender Energie – er tut mir richtig gut.«

Louisa fühlte, wie ihr Hitze in den Kopf stieg. Sie

brachte es kaum fertig zu lächeln. Fast hätte sie gesagt: »Kannst du mich nicht endlich mal in Ruhe lassen«, aber es gelang ihr unwillig zu brummen: »Freut mich.« Sie war richtig verärgert, nein, mehr noch, sie war richtig wütend, dass Hanna hier eingedrungen war und sie schon wieder vom Arbeiten abhielt. Sie versuchte, sich zu beherrschen und fragte: »Hast du schon gefrühstückt?«

»Ich habe mir nur ein wenig Milch geholt. Ich wollte allein sein.«

»Ich stell dir was zum Essen hin, das wird dir gut tun.«

Louisa drehte sich abrupt um und lief in die Küche zurück. Sie stellte die Kaffeemaschine an, riss den Kühlschrank auf und knallte Butter und Milch auf den Tisch. Sie deckte eilig Teller und Tassen auf und rieflaut um die Ecke: »Fertig.« Sie setzte sich, stand aber gleich wieder auf und stellte schuldbewusst noch eine Kerze hin, die sie anzündete.

Während Hanna frühstückte, hantierte Louisa in

der Küche, um ihr zuhören zu können, wenn sie sprechen wollte. Hanna blieb jedoch schweigsam. Schließlich räusperte sich Louisa: »Ist es dir recht, wenn ich ins Atelier zurückgehe?« Sie hoffte inständig, dass Hanna sich jetzt nicht abgelehnt fühlen würde. Doch Hanna lächelte sie nur an und meinte: »Ja klar, geh nur. Mir geht es heute besser.«

Louisa stellte sich in die Mitte des Raumes und holte tief Luft: Endlich! Es herrschte eine eigenartig dämmrige Stimmung. Der Nebel lag immer noch dicht vor den Scheiben. Nur an ihren schattenhaften Umrissen erkannte Louisa die vertrauten Bäume im Garten. Es kam ihr vor, als ob das Atelier in einer Wolke schwebte.

Schmunzelnd zündete sie die helle Deckenbeleuchtung an, dann begann sie mit ihren Vorbereitungen. Sie befreite ihren Tisch von allem Kram, der herumlag, denn zum Zuschneiden des Stoffes brauchte sie die ganze Fläche. Schließlich holte sie die erste Rolle ihres silbernen Schatzes aus dem Schrank. Feierlich legte sie diese auf den Tisch. Mit den Fingerkuppen streichelte sie über den Stoff, rollte ein Stück auf und legte es um ihre Hand. Sie bewegte sie hin und her und beobachtete begeistert das faszinierende Licht- und Schattenspiel. Sie hatte ja so viel Glück gehabt. Mehr als Glück – es war eine Fügung!

Sie hatte schon fast resigniert aufgeben wollen, da sie immer noch nicht den richtigen Stoff gefunden hatte, bis sie ganz zufällig auf das phantastische Geschäft gestoßen war. Louisa dachte mit Belustigung an diesen Morgen zurück. Ihre Freundin Bettina hatte früh am Morgen aufgeregt angemfen. »Du musst mir helfen«, hatte sie in den Hörer gerufen. Aus der komplizierten Geschichte, die mit Rohren, Dichtungsschäden, gleichzeitigen Verpflichtungen und Kindergeburtstagen zu tun hatte, hatte sie nur verstanden, dass sie, Louisa, zu einem bestimmten Geschäft fahren solle, um dort etwas abzuholen, das Bettina telefonisch bestellt hatte. Louisa kannte das Baugeschäft nicht und hatte es erst nach einigem Suchen gefunden. Sie hatte den Wagen hinter einer Lagerhalle geparkt. Dort hatte sie das originelle Aushängeschild entdeckt, dem sie nicht widerstehen konnte. Sie war den Pfeilen gefolgt, zuerst einen dunklen Flur entlang, dann ein paar Treppcn hoch und schließlich war sie in eine heruntergekommene Halle gelangt, die vollgestopft war mit den wunderbarsten und wunderlichsten Dingen. Neben dem Eingang standen hölzerne, verblichene Karussellpferde, daneben waren Plastikpalmen aufgereiht, unter diesen lag eine überdimensionierte Meerjungfrau aus Gips, komplett mit grünem Fischschwanz.

Der Verkäufer, ein modisch durchgestylter junger Mann mit einer Krawatte, auf der ein bunter Papagei prangte, erklärte auf ihre erstaunte Frage, dass sie hier mit Dekorationsmaterial handelten. »Wir nehmen alles«, sagte er, »ausrangierte Bühnenbilder, Schaufensterdekorationen, Ausschussware, alte Lagerbestände.« Und so war sie auf ihren Stoff gestoßen.

Das Klingeln des Telefons riss Louisa aus ihren Träumereien.

»Hast du die Pläne schon holen können?«

»Ich wollte das nachmittags tun, da muss ich sowieso weg.«

»Ich brauche sie nun doch schon heute. Ich komme am Mittag heim zum Essen, ginge es bis dann?«

Louisa versprach es Erich und blickte auf ihre Uhr. Falls sie in die Stadt fahren und Mittagessen kochen wollte, müsste sie jetzt gehen. Aufseufzend legte sie den Stoffballen zurück in den Schrank.

»Mam?« Simon trat in die Küche, wo Louisa das Mittagsgeschirr abwusch. Sie kannte diesen Ton und schmunzelte.

»Wie viel?«, fragte sie.

»Nur ein bisschen«, antwortete Simon leicht verlegen. »Ich geb's dir zurück. Ehrlich. Aber Rolf verkauft mir dieses Game. Zu einem Spottpreis!

Das Game ist soo cool, sag ich dir.« Simon brach in eine Lobrede aus, bis Jeanette, die schweigend abgetrocknet hatte, plötzlich das Handtuch wegwarf und ausrief: »Das ist einfach nicht fair. Gib's ihm nicht, Mam.«

»Misch dich nicht ein«, knurrte Simon.

»Im Gegensatz zu dir kann ich mit meinem Geld umgehen.«

»Tu nicht so scheinheilig. Wer hat denn deine Dauerwelle bezahlt? Wer? Gib's zu.«

»Hört bitte auf zu streiten. Das ist kindisch.«

»Dann eben nicht.« Achselzuckend schlurfte Simon aus der Küche und schlug einen Moment später laut die Haustür hinter sich zu.

Louisa legte den Arm um ihre Tochter. »Weißt du was, ich gebe euch beiden etwas.«

Sie holte ihr Portemonnaie aus der Schublade und drückte Jeanette einen Geldschein in die Hand.

Hanna hatte sich kurz nach dem Mittagessen in ihr Zimmer zurückgezogen. Als es im Haus wieder ruhig geworden war, trat sie in die Küche, wo Louisa Kaffee trank und die Zeitung las.

»Ich habe beschlossen, einen Spaziergang zu machen. Der Nebel hat sich ein bisschen gelichtet.«

»Bist du sicher?«

»Ich fühle mich heute stärker und die frische Luft wird mir bestimmt gut tun. Ich möchte auch einfach allein sein.«

Louisa hörte, wie die Haustür ins Schloss fiel. Rasch sprang sie auf.

Nichts wie weg ins Atelier!

Diesmal war es nicht mehr so wolkig im Raum, man sah auch den Garten wieder. Die Bäume trieften und tropften. Louisa zündete trotzdem das Licht an.

Kaum hatte sie den Stoff aus dem Schrank geholt und auf den Tisch gelegt, hörte sie die Klingel läuten. Jemand war an der Tür. Einen Moment lang überlegte sie, nicht zu öffnen.

»Veronika!«

Die beiden Frauen umarmten sich.

»Wie geht's Hanna?« Veronika blickte Louisa besorgt an.

»Ich glaube, es geht ihr besser. Sie macht einen Spaziergang.«

»Dann warte ich hier auf sie. Komm, erzähl mir alles.« Sie hängte sich bei Louisa ein und zog sie ins Haus.

»Ich mach uns einen Kaffee.«

»Sie hat sehr viel geweint«, berichtete Louisa. »Sie ist sehr bedürftig und hat stundenlang mit mir geredet.«

Veronika stöhnte auf. »Ich weiß, sie hat auch mich jeden Tag im Büro angerufen. Immer wieder das Gleiche ... wieso ist er, wieso hat er?« Sie nahm Louisas Hand und drückte sie. »Ich bin dir ja soo dankbar, dass du sie aufgenommen hast. Ich meine, wir haben wirklich keinen Platz, außer natürlich in Bobs Zimmer unterm Dach. Aber du weißt ja, wie er ist. Ich muss dir auch ehrlich gestehen: Mir geht ihr dramatisches Getue schrecklich auf die Nerven. Ich bin nicht so lieb und geduldig wie du.« Veronika strahlte sie an.

Louisa spürte, wie sie plötzlich innerlich kühl wurde. Sie zog ihre Hand zurück. Sie blickte Veronika ins Gesicht und dachte: Dir geht deine Schwester auf die Nerven und dein Sohn will sein Spielzimmer nicht hergeben. Dafür muss meine Familie herhalten und die liebe, geduldige Lou kommt nicht zum Arbeiten. Du kannst mich mal! Louisa erschrak. Sie versuchte sich zusammenzureißen. Es gelang ihr aber nicht, sich wieder für Veronika zu erwärmen.

Zu ihrer Erleichterung schien sie nichts davon zu merken. Sie schwatzten über dieses und jenes, bis Hanna fast zwei Stunden später von ihrem Spaziergang zurückkam. Louisa ließ die beiden in der Küche allein und lief ins Schlafzimmer. Es war höchste Zeit, sich für die Sitzung umzuziehen.

Während sie ihre blauen, verwaschenen Jeans auszog und in die ordentlich gebügelten schwarzen stieg, überkam sie der Jammer. Sie war frustriert, fühlte sich missbraucht und war voller Selbstmitleid. Es war einfach nicht fair! Louisa stapfte ins Badezimmer. Jemand hatte ein Handtuch auf dem Boden liegen gelassen und automatisch bückte sie sich, es aufzuheben. Sie starrte einen Moment auf das sonnig gelbe Frotteetuch in ihrer Hand, dann schmiss sie es vehement wieder zu Boden. Tränen sammelten sich hinter ihren Lidern. Sie hatte genug! Sie mochte für niemanden mehr irgendetwas tun. Und in diese blöde Sitzung wollte sie erst recht nicht gehen. Louisa schniefte, riss ein Stück Toilettenpapier ab und schnäuzte sich. Dann griff sie seufzend nach ihrer Bürste.

Während sie sich die Haare bürstete, ermahnte sie sich streng: »Mach kein Theater, du gehst da hin.« Dann redete sie sich gut zu: »Es ist wichtig, aktiv bei der Bürgerinitiative mitzumachen. Wenn ein

Spielplatz gebaut werden soll, musst du dich jetzt dafür einsetzen. Du kannst doch heute Abend immer noch an deinen Kostümen arbeiten.«

Dieser Gedanke besänftigte sie. Nachdem sie ihr Haar zu einem Pferdeschwanz zusammengebunden hatte, fasste sie einen Entschluss: Heute nach dem Abendessen würde sie, definitiv und ganz sicher, in ihr Atelier verschwinden und niemandem mehr zur Verfügung stehen.

Schließlich legte Louisa ihre türkisfarbene Halskette um und eilte hinaus in den Nachmittag.

Der Abend verlief aber nicht so, wie Louisa sich das ausgemalt hatte. Während sie nach dem Abendessen die Küche aufräumte, half Erich Simon bei den Schularbeiten. Plötzlich gerieten sich beide in die Haare. Sie schickte Simon in sein Zimmer und versuchte ihn zu beschwichtigen, indem sie ihm Geld für sein Computerspiel gab. Sie servierte Erich, der sich vor den Fernseher verzogen hatte, ein kühles Bier. Doch kaum hatte sie die beiden Streithähne besänftigt, als Jeanette mit einem entsetzten Schrei aus ihrem Zimmer stürzte und sie anschrie: »Du hast meine Hosen ruiniert!« Sie schmiss ein paar Jeans vor die Füße ihrer Mutter. Louisa erkannte sie wieder. Vor ein paar Tagen hatten sie in der Wäsche gelegen und da sie an den Knien zerrissen waren, hatte sie farbige Flicken darüber genäht.

»Nun sei nicht so hysterisch. Ich habe dir die Hosen geflickt. Das ist doch kein Drama. Ich finde, sie sehen so besser aus.«

»Du hast ja null Ahnung. Und überhaupt sind es meine Hosen. Immer mischst du dich ein!«

»Aber ich ...«

»Lass mich in Ruhe«, schrie Jeanette und stürmte die Treppe hoch. Louisa hob die Hosen auf. Sie holte ihr Nähzeug hervor, trennte die Flicken sorgfältig wieder ab und legte die zerrissenen Hosen vor Jeanettes Zimmertür.

Um neun Uhr, Erich sah die Nachrichten und aus den Zimmern der Kinder ertönte laute Musik, ging sie endlich in ihr Atelier.

Louisa trat in den dunklen Raum. Der Nebel machte die Nacht noch schwärzer, beinahe undurchdringlich. Doch es schien ihr, als schimmerte der Stoff ihr entgegen. Sie tastete sich zu ihm vor und berührte ihn zärtlich. »Endlich«, seufzte sie auf. Sie knipste die Tischlampe an und begann den Ballen Stoff auszurollen. Der große Moment ist da, dachte sie. Der erste Schnitt! Sie war ein wenig aufgeregt. Jetzt wurde es ernst! Sie holte ihre Entwürfe hervor und begann den Stoff auszumessen. Unvermittelt hielt sie nach einer Weile inne und studierte ihre Zeichnungen. Dann maß sie alles erneut. Zu kurz, stellte sie fest, eindeutig. Erschrocken holte sie den nächsten Ballen hervor. wieder zu kurz. Panik begann in ihr aufzusteigen. Das durfte doch nicht wahr sein! Der Verkäufer hatte ihr mehrmals versichert, er habe sie richtig verstanden und es sei genügend Stoff, der ihren vorgegebenen Maßen entspräche, vorhanden.

»Dies ist eine exzellente Ware aus ganz zuverlässiger Quelle«, hatte er gesagt. »Und ich gebe Ihnen noch einen Ballen extra, gratis.« Bei den Gedanken an die Worte des Verkäufers beruhigte sich Louisa wieder. Sicherheitshalber aber holte sie die restlichen Stoffballen hervor und maß sie nach, einen nach dem andern.

Nachdem sie den letzten ausgemessen hatte, sank sie langsam auf den Stuhl, der neben ihr stand und starrte vor sich hin. Auf einmal riss sie die

Tischschublade auf, wühlte hektisch darin herum und zog ein Papier hervor.

Entsetzt blickte Louisa auf die Rechnung: Man hatte sie betrogen, ganz eindeutig betrogen. Sie stieß einen Schrei aus, krallte ihre Hände in den Stoff und ließ sich auf ihn fallen. Sie fühlte sich zutiefst verletzt. Voller Schmerz vergrub sie ihr Gesicht in ihrem Silberschatz, und ließ ihren Tränen freien Lauf. »So kann das nicht mehr weitergehen«, schluchzte sie.

»Das muss es auch nicht«, flüsterte es neben Louisas Ohr.

Sie setzte sich erschrocken auf und schaute auf die Stelle, wo ihr Kopf gelegen hatte. Etwas schien sich dort zu bewegen. Sie erstarrte.

»Hab keine Angst«, hörte sie. Es schien, als ob der Stoff zu ihr reden würde. Gebannt starrte Louisa auf ihn, als er tatsächlich anfing, sich zu bewegen. Er legte sich in leichte Falten und streckte sich wieder.

Das war ja phantastisch – der Stoff schien zu leben! Louisas Tränen versiegten und sie beobachtete aufgeregt, wie ihr Stoff immer heller zu schimmern begann, sich immer straffer spannte, bis er sich schließlich mit einem klirrenden Geräusch stocksteif aufrichtete. Ihr Atelier spiegelte sich in seiner glatten Oberfläche und auch sich selbst konnte Louisa ganz deutlich darin erkennen.

Wow, dachte sie, jetzt geht meine Phantasie aber ganz schön mit mir durch. Sie schüttelte den Kopf. »So etwas ist mir noch nie passiert.«

Louisas Spiegelbild öffnete den Mund und sagte: »Mach dir nichts draus.« Dann hob es die Hand und winkte ihr zu: »Sei willkommen, liebe Louisa.«

Nun wurde es Louisa aber doch unheimlich. »Was, um Himmels willen, geht hier vor?«, murmelte sie verunsichert.

»Du bist bei mir gelandet, im Spiegelland.«

Louisa schloss die Augen. Bestimmt ist mein Hirn überreizt, dachte sie. Sie musste sich beruhigen. Sie atmete tief ein. Einmal, zweimal, dreimal. Als sie die Augen öffnete, war der Spuk immer noch nicht vorbei. Im Gegenteil. Ihr Spiegelbild sprach schon wieder mit ihr.

»Louisa«, sagte es und lächelte sie freundlich an. »Ich bin hier, um dir zu helfen.« Dann fügte es mit leiser Stimme hinzu: »Du bist betrogen worden.«

Bei diesen Worten musste Louisa wieder verzweifelt weinen.

»Erzähl es mir, mir kannst du alles sagen.«

Das Spiegelbild sprach mit so sanfter und lieber Stimme, dass Louisa nicht widerstehen konnte. »Es tut so weh. Ich habe das nicht verdient.«

Das Spiegelbild nickte verständnisvoll.

»Es ist so gemein. Ausgerechnet mir.«

»Ausgerechnet dir?«, ermunterte sie das Spiegelbild sanft.

»Ich gebe mir immer Mühe. Bin nett zu den Leuten, helfe, wo ich kann. Aber mit mir«, Louisa blickte ihr Spiegelbild an, »mit mir kann man machen, was man will. Um mich kümmert sich niemand.« Ihre Stimme war bitter geworden. »*Kannst du mir helfen,* hör ich wohl tausendmal am Tag, aber ein *ich helfe dir,* das höre ich nie!«

»Ich helfe dir.«

»Du! Wer bist du schon. Eine blöde Phantasie.«

»Gut. Du lässt deine Wut raus, wurde auch höchste Zeit«, erwiderte das Spiegelbild ruhig.

Louisa schaute es erstaunt an. Nachdenklich schnäuzte sie in einen Stofffetzen. Dann fragte sie vorsichtig: »Wer genau bist du?«

»Ich bin dein Spiegelbild. Du willst so nicht mehr weitermachen. Ich werde dir dabei helfen.«

Louisa seufzte laut auf: »Und das soll einer verstehen?«

Das Spiegelbild zuckte die Schultern. »Ich helfe dir. Mehr musst du nicht verstehen.«

»Aber ...«

»Louisa«, unterbrach sie das Spiegelbild, »du musst meine Hilfe nicht annehmen. Ich kann auch wieder verschwinden, ganz wie du willst.«

Louisa begann, an ihren Nägeln zu kauen.

»Kannst du mir wirklich helfen?«

»Ja.«

Louisa setzte sich gerade hin. »Ich will deine Hilfe«, sagte sie entschlossen.

»Sehr gut«, erwiderte das Spiegelbild. Eifrig rückte es seinen Stuhl näher an den Tisch heran. »Lass uns gleich beginnen.« Es beugte sich vor und blickte Louisa ins Gesicht. »Zeig mir mal deine Wut.«

Louisa fühlte sich überrumpelt. Verunsichert fragte sie: »Meine Wut?«

»Du bist betrogen worden.«

Kaum hatte das Spiegelbild dies ausgesprochen, fühlte Louisa, wie tatsächlich Wut in ihr aufstieg. »So ein Mistkerl, geschniegelter Betrüger, Gauner«, stieß sie hervor.

»Ist das schon alles?«

Louisas Hals war wie zugeschnürt, sie schluckte. Dann brach es voller Wucht aus ihr heraus: »Ich gebe und gebe und gebe – und am Schluss bin ich die Dumme.« Sie hob ihr Maßband auf und schlug mit ihm auf den Tisch. »Immer ich. Ich würde auch gerne mal bedient werden.« Sie schnitt eine Grimasse und sagte mit spöttischer Stimme: »Bringst du mir ...? – Holst du mir ...? – Kannst du mir ...?« Sie war in Fahrt geraten. »Louisa macht das bestimmt. Louisa versteht das sicher. Louisa ist so geduldig. Nein, nein, nein! Ihr könnt mich alle mal!«, rief sie.

Das Spiegelbild schmunzelte. »Fühlst du dich nun besser?«

»Viel besser. Das sollte ich öfters tun.« Louisa seufzte.

»Warum tust du es denn nicht?«

»Warum?« Louisa dachte nach, dann erwiderte sie: »Es ist ziemlich egoistisch.«

Das Spiegelbild zog die Augenbrauen hoch. »Nein sagen ist egoistisch?«

»Ja, man sollte doch helfen, wenn man kann.«

»Moment mal. Versteh ich das richtig? Du denkst, wenn du heute morgen Erich gesagt hättest ‚Nein, ich hole deine Pläne nicht', dass das selbstsüchtig gewesen wäre?«

»Schon, ja. Ich meine, er hat ja so viel zu tun im Moment und fast keine Zeit. Es wäre doch wirklich nicht nett gewesen, wenn ich ihm diesen Gefallen nicht getan hätte, oder?«

»Aber du hast doch im Moment auch so viel zu tun und eigentlich gar keine Zeit übrig? Du hast ja sogar deine Arbeit im Stich lassen müssen, um seine Pläne zu holen. Was ist damit?«

Louisa steckte sich gedankenverloren den Daumen

in den Mund und knabberte am Nagel. »Ich kann schlecht Nein sagen«, gab sie nach einer Weile zu.

»Das ist die Untertreibung des Tages.« Das Spiegelbild grinste sie an. »Guck dir mal das an.«

Mit großen Augen beobachtete Louisa, wie sich das Spiegelbild umdrehte und Simon begrüßte, der plötzlich neben ihm aufgetaucht war.

»Mam«, fragte Simon. »Kannst du mir bitte etwas Geld geben?« Louisa sah, wie das Spiegelbild ihm einen Geldschein in die Hand drückte. Kaum hatte Simon diesen in seine Hosentasche gestopft, streckte er erneut die Hand aus: »Mam, ich brauche Geld.« Wieder erhielt er vom Spiegelbild einen Schein. »Gib mir mehr Geld«, forderte Simon, noch während er den letzen Schein einsteckte.

Beschämt schlug sich Louisa die Hände vors Gesicht.

»Nein sagen ist egoistisch?«, ertönte die Stimme des Spiegelbildes. Es schien zu kichern.

Louisa blinzelte zwischen den Fingern hervor. »Spotte nicht. Das ist nicht zum Lachen«, sagte sie.

Das Spiegelbild schüttelte den Kopf. »Nein, das ist es wirklich nicht«, sagte es voller Ernst.

Louisa nahm die Hände vom Gesicht und sagte mit zitternder Stimme: »Ich erziehe meine Kinder zu Monstern.« Sie rang ihre Hände.

»Ich muss unbedingt öfter Nein sagen.«

»Nein sagen zu können wäre also eine gute Sache, sagst du. Hm.« Das Spiegelbild legte seinen Kopf schräg. »Aber gerade vorhin hast du gesagt, es sei egoistisch.«

»Es kommt drauf an, ich denke - ach, ich weiß doch nicht, du verwirrst mich«, rief Louisa erregt.

Das Spiegelbild hob beschwichtigend die Hände. »Entspanne dich. Ich helfe dir dabei, deine Verwirrung aufzulösen.«

Louisa stützte die Ellbogen auf den Tisch und legte den Kopf in ihre Hände.

»In Ordnung?« Louisa nickte.

»Vergessen wir mal die Sache mit dem Nein sagen.« Das Spiegelbild blickte ihr in die Augen. »Lass uns direkt zum Kern deines Problems vordringen.« Es hielt einen Augenblick inne, dann sagte es ganz ruhig:

»Du willst immer gefallen, das ist es. Du bist gefallsüchtig.«

Louisa schnellte hoch. »Das ist überhaupt nicht wahr.« Ihre Augen blitzten empört. »Ich bin kein aufgeputztes Modepüppchen. Ich gebe ja fast nichts für Kleider aus und schminken tu ich mich praktisch nie.«

Das Spiegelbild schmunzelte. »Aber du tust fast alles, damit die anderen dich mögen und nett finden.«

Louisa sank in den Stuhl zurück.

»Du versuchst ständig, den anderen gefällig zu sein und sie zufrieden zu stellen. Du errätst ihre Wünsche, du befriedigst ihre Bedürfnisse.«

Louisa senkte den Kopf.

»Du hältst ihnen Unangenehmes fern, tust alles, um sie bei Laune zu halten. Du tröstest, bedienst, baust auf und du stehst immer zur Verfügung. Und«, fuhr das Spiegelbild mit leiser Stimme fort, »du wirst ausgenutzt, missbraucht, du kommst zu kurz und wirst betrogen.«

Eine Träne tropfte auf Louisas Schoß. Lange Zeit sagte sie nichts.

Dann flüsterte sie: »Ich kann nicht anders.«

»Ich weiß«, erwiderte das Spiegelbild sanft. »Aber genau das wolltest du doch ändern, nicht wahr?«

Louisa blickte es tränenüberströmt an und sagte voller Inbrunst: »Ja.«

Das Spiegelbild nickte ihr aufmunternd zu. »Das kannst du auch. Du musst nicht immer Frau Liebundnett sein.«

Louisa lächelte zaghaft und trocknete sich die Augen. Sie seufzte tief auf. »Aber wie denn? Es läuft ja schon automatisch ab. Wenn jemand ein Problem hat, fühl ich mich immer gleich verantwortlich.«

»Erinnerst du dich an dein Gespräch mit Veronika

heute Nachmittag?«

Überrascht nickte Louisa.

»Da geschah doch etwas Besonderes?«

Louisa dachte eine Weile nach. »Ich glaube zu wissen, was du meinst«, antwortete sie. »Ich sah plötzlich ganz nüchtern, dass sie es hingekriegt hat, ihrer Schwester nicht wirklich zu helfen, aber trotzdem gut dazustehen. Sie hat es nämlich einfach mir überlassen.« Bitter fuhr sie fort: »Sie hat mich manipuliert und missbraucht. Das sah ich zum ersten Mal ganz klar. Und«, fügte sie ein wenig verlegen hinzu, »ich fand, dass sie eine dumme Ziege ist.«

Das Spiegelbild lachte. »Siehst du – wärst du öfters so nüchtern, würdest du die eine oder andere Ziege entlarven, bevor du die ganze Herde bei dir aufnimmst!«

Louisa stimmte in sein Lachen ein.

»So ist's besser.« Das Spiegelbild schaute sie befriedigt an.

»Aber«, fuhr es nach einer Weile mit ernster Miene fort, »wir dürfen nicht vergessen, dass auch du dich oft wie eine dumme Ziege verhältst!« Es zeigte auf Louisa, die verdutzt da saß. »Ja, du.«

Louisa schluckte. »Ich?«

»Manchmal manipulierst auch du die anderen. Und zwar mit dem, was die liebe Louisa am besten

kann – nämlich mit helfen. Sieh mal.«

Das Spiegelbild griff unter den Tisch. »Ich zeig es dir«, sagte es und zog ein paar Jeans hervor.

Das sind doch Jeanettes Hosen, stellte Louisa erstaunt fest. Allmählich begann sie zu begreifen. Das Spiegelbild hatte unterdessen eine Nähnadel in der Hand und war dabei, einen bunten Flicken auf das Hosenknie zu nähen. Dazu murmelte es vor sich hin: »So verlumpt rumzulaufen. Wie sieht das nur aus! Man könnte ja meinen, ich vernachlässige meine Kinder. Überhaupt, warum kann sich Jeanette nicht mal hübsch anziehen. Diese löcherigen Jeans finde ich schrecklich. So.« Das Spiegelbild schnitt den Faden ab und legte Schere und Nadel zurück in den Nähkorb. Louisa hörte, wie es mit säuselnder Stimme sagte: »Ich hab's für dich getan, Jeanette. Sieh doch nur, sind diese bunten Flicken nicht hübsch?«

Louisa spürte, wie sie rot wurde. Sie senkte den Blick. Das Spiegelbild hatte Recht.

Sie seufzte. Sie war müde geworden. So viel auf einmal. In ihrem Kopf schwirrten die Gedanken ziellos herum. Und doch fühlte sie sich gestärkt und irgendwie verwandelt.

»Ich glaube, du hast mir wirklich geholfen«, sagte sie lächelnd zum Spiegelbild.

»Freut mich«, antwortete dieses. »Und jetzt ab ins Bett mit dir.« Es grinste und erhob sich.

»Ich lass mir nicht so häufig helfen. Es war schön, danke.« Louisa wurde verlegen und erhob sich ebenfalls.

»Gern geschehen. Hier, ich hab noch etwas für dich.« Das Spiegelbild hielt ein weißes Tuch hoch, das mit Silberfäden prächtig bestickt war. »Ein Geschenk vom Spiegelland.«

Louisa war gerührt. »Was ist das?«, fragte sie neugierig.

»Eine Hilfe.«

Mit diesen Worten ließ das Spiegelbild das Tuch zu Boden flattern, während im selben Moment der ganze Spiegel mit einem leisen Rascheln in sich zusammen fiel. In weichen Falten lag Louisas Stoff auf dem Tisch, silbrig schimmernd wie zuvor.

Bewundernd betrachtet Louisa die präzis gestickten silbernen Buchstaben. Dann streicht sie das Tuch flach und beginnt zu lesen.

Wenn wir einem anderen Menschen etwas zuliebe tun, ihm etwas abnehmen oder ihm etwas schenken, dann begehen wir gewiss keine Sünde. Ganz im Gegenteil: Würden die Menschen einander mehr helfen, wäre die Welt eine bessere.

Doch kann es geschehen, dass Menschen mit ihrer Hilfsbereitschaft über das Ziel hinausschießen und dass ihre Hilfe eine zerstörerische statt aufbauende Wirkung hat.

Dies geschieht zum Beispiel dann, wenn Hilfe und Gaben das Maß überschreiten, sie wahllos angeboten oder gar zum Selbstzweck missbraucht werden. Dann bringen sie oft Leiden, statt Glück.

Wenn Menschen zum Beispiel allzu großzügig sind und ihre Gaben zu reich bemessen, kann es geschehen, dass ihr Geschenk den Beschenkten belastet oder ihm sogar sauer aufstoßen kann.

Wenn wir Menschen nämlich allzu reichlich beschenkt werden und uns übermäßig geholfen wird, kann uns das demütigen und sogar entmündigen.

Besonders unheilsame Folgen entstehen, wenn wir Hilfe gezielt dazu einsetzen, einen anderen Menschen zu unserem Schuldner zu machen, und ihn in Abhängigkeit zu uns bringen. Oder wenn wir ihn mit Hilfeleistungen kontrollieren wollen.

Auf diese Weise manipulieren und missbrauchen

wir andere, sogar wenn wir wirklich glauben, selbstlos zu handeln oder unser Verhalten unserer eigenen Hilflosigkeit entspringt.

Es kommt auch vor, dass Menschen kaum anders können, als zu helfen, da sie das Wohlbefinden der anderen stets in Bezug zu sich selbst stellen und deren Probleme persönlich nehmen.

Solchen Menschen fällt es schwer, nicht nett und gefällig zu sein, etwas nicht zu geben, eine Hilfe zu verweigern. Sie können sich auch nicht zwischen Ja oder Nein entscheiden. All dies führt dazu, dass sie ihre Hilfe oft nicht nutzbringend einsetzen.

Zum Beispiel mischen sie sich ein. Oder sie verwöhnen. Sie lassen sich ausnutzen. Und oft verhindern sie dadurch gesunde Entwicklungen und ersticken Eigenständigkeit.

Wenn wir also wollen, dass die Hilfe, die wir leisten, Glück fördert, müssen wir fähig sein, sie richtig einzusetzen. Das können wir aber nur, wenn wir über verschiedene Wahlmöglichkeiten für unser Verhalten verfügen. Wir müssen entscheiden können, viel zu geben oder wenig. Wir müssen ja sagen können und nein. Wir müssen die Wahl haben, anzubieten und zu verweigern, die Arme offen zu halten und Grenzen zu setzen. Um diese Wahlmöglichkeiten überhaupt zu erkennen, benötigen wir im Umgang mit anderen *noch eine weitere tugendhafte Fähigkeit.*

Und zwar brauchen wir Sachlichkeit.

Mit Sachlichkeit sind wir nicht subjektiv, sondern objektiv, nicht emotional, sondern rational.

Mit Sachlichkeit liegt Distanz zwischen uns und den anderen.

Unser Herz schlägt ruhig in unserer Brust – seine Wärme strömt nicht von selbst zu den anderen hin. Mit Sachlichkeit halten wir die Liebe zurück, bis wir entscheiden, sie fließen zu lassen.

Sachlichkeit befähigt uns, die Begegnungen mit anderen nicht persönlich zu nehmen. Nüchtern und sachlich beurteilen wir sie. Wir sind unpersönlich in unserem Urteil.

Mit Sachlichkeit bleiben wir in der konkreten Situation bei der Sache und bringen unsere persönlichen Gefühle nicht mit ins Spiel.

Mit Sachlichkeit bleiben die Probleme der anderen die ihren, bis wir entschieden haben, sie zu den unseren zu machen. Sachlichkeit befähigt uns zu erkennen, wann Verantwortung zu übernehmen ist und wann nicht.

Mit Sachlichkeit glauben wir nicht, immer lieb und nett sein zu müssen und wir ertragen es, jemandem nicht zu gefallen.

Mit Sachlichkeit können wir uns schützen. Wir

unterscheiden Freund und Feind und wir können unsere Grenzen hüten.

So ermöglicht ein sachlicher Umgang mit anderen, unsere Tugenden in gute Bahnen zu lenken. Hilfe wird gegeben, wo sie nötig ist, und unterlassen, wo sie behindert. Auf diese Weise zu schenken erschöpft weder den Schenker, noch wird der Beschenkte beschämt. Verantwortung wird gerecht verteilt.

So sollten wir versuchen, liebe Louisa und liebe Mitleser, unsere Hilfe angemessen einzusetzen.

Setzen wir Hilfe sehend ein und nicht blind.
Nehmen wir uns die Freiheit zu entscheiden,
wann unser Herz zu öffnen und
wann es zu verschließen ist.
Lasst uns sowohl denken als auch fühlen.

DIE MORAL VON DER GESCHICHT'...

Besser ungetan bleibt das Böse,
denn es wird uns später quälen.
Besser tun wir nur das Gute,
das uns niemals Qualen bringt

Dhammapada, Vers 314

Nach seinem letzten Auftritt möchte das Spiegelland sich jetzt, liebe Leserinnen und Leser, von Ihnen verabschieden. Somit endet hier Ihre Reise ins Reich der Beziehungen, die Sie vor vielen Seiten begonnen haben.

Doch ganz so schnell wollen wir es noch nicht verlassen. Sicherlich haben Sie auf dieser Reise das eine oder andere erlebt. Vielleicht haben Sie sich selbst, oder zumindest Anteile von Ihnen, gespiegelt gesehen und möglicherweise ein paar Einsichten und Erkenntnisse gehabt. Es könnte aber auch sein, dass Sie sich nirgends wiedergefunden haben und sogar

Ihre Zweifel hatten, ob dieses phantastische Spiegelland überhaupt etwas mit der »richtigen« Welt zu tun habe. Vielleicht sind bei Ihnen auch einige Fragen aufgetaucht – zum Charakter der Figuren zum Beispiel oder zu den Ratschlägen, die Ihnen mitgegeben worden sind, zur Natur Ihrer eigenen Einseitigkeiten und dergleichen mehr.

Dieses Buch kann offensichtlich nun nicht auf jede individuelle Reaktion eingehen oder einzelne Fragen beantworten. Mit einer letzten grundsätzlichen Betrachtung soll aber ermöglicht werden, das Thema abzurunden und in einen größeren Zusammenhang zu stellen. Dadurch könnten ein paar Ihrer Fragen doch noch geklärt werden.

Im Spiegelland, wie Sie sich sicher erinnern, ging es ziemlich phantastisch zu, nicht wahr! Trotzdem sind seine Prinzipien – das ist Ihnen vermutlich gleich aufgefallen – auch in der alltäglichen Wirklichkeit zu finden.

So tauchte es zum Beispiel immer dann auf, wenn jemand an seiner Situation litt oder sich ändern wollte. Dadurch spiegelte es den Entschluss,

der im richtigen Leben nötig ist, um eine Änderung in Gang zu setzen. Wenn wir nämlich etwas verändern wollen, zum Beispiel schlechte Gewohnheiten ablegen, uns verbessern oder Dinge anders anpacken, braucht es dazu unsere Absicht, dies auch wirklich zu tun. Dieser erste Schritt ist für den Vorsatz, etwas zu ändern, unabdingbar. Ohne ihn geschieht nichts – oder höchstens etwas, auf das wir keinen Einfluss haben.

Im Weiteren hat das Spiegelbild die Personen jeweils so abgebildet, wie sie wirklich sind. Sich so zu sehen, wie man ist, und nicht so, wie man gerne wäre oder meint, dass man es sei – ist ebenfalls eine wichtige Voraussetzung für Veränderungen. Und zwar brauchen wir dies, um zu wissen, welche Änderungen sinnvoll und lohnenswert sind. Wir müssen fähig sein, uns ein realistisches Bild von uns selbst, den anderen und unserer Beziehung mit ihnen zu machen – unverfälscht von Wertungen, Wünschen oder Vorstellungen. Nur so wird es uns gelingen, die

Mitte zu bestimmen und ein Gleichgewicht herzustellen.

Im Spiegelland wurden weiterhin die Folgen aufgezeigt, die das Verhalten der Personen mit sich brachte. Dies wiederum spiegelte ein Lebensgesetz, das für uns alle gilt – dass nämlich unser Verhalten auf uns und auf die anderen wirkt. Was auch immer wir denken, reden oder tun, hat Folgen.

Zusammenfassend können wir also sagen, dass drei Dinge nötig sind, um Veränderungen in unseren Beziehungen zu bewirken: Wir müssen uns erstens entschließen, etwas zu ändern, zweitens klar sehen, was das sein soll, und drittens müssen wir die Gesetze des Lebens akzeptieren, denen wir alle unterworfen sind.

Diesem letzten, dritten Punkt soll nun nähere Aufmerksamkeit geschenkt werden. Wie Sie sich vielleicht erinnern, wurden Sie schon am Anfang dieses Buches auf verschiedene Tatsachen des Lebens hingewiesen. So zum Beispiel darauf, dass wir Menschen nicht isoliert auf dieser Welt existieren, sondern

in Beziehungen zu anderen stehen. Dass im Weiteren diese Beziehungen mit anderen angenehm und unangenehm sein können und dass sie sich ständig verändern. Es wurde zudem erwähnt, dass wir darüber keine Kontrolle haben, aber trotzdem die Verantwortung tragen, zu tun was in unserer Macht liegt. Deshalb wurde ja empfohlen, selbst aktiv zu werden.

Hierzu gilt es nun eine weitere Tatsache zu erwähnen: nämlich die, dass wir alle dem Gesetz von Ursache und Wirkung unterliegen. Wenn wir also selbst aktiv werden, heißt dies, dass wir ernten werden, was wir gesät haben. Fügen wir anderen zum Beispiel Leid zu, bringt uns dies Schaden. Tun wir anderen Gutes, bringt uns das Freude.

Nun können wir dieses Gesetz zwar nicht umgehen, aber wir sind durchaus frei zu entscheiden, wie wir uns selbst verhalten wollen. Wir können zum Beispiel wählen, unseren Umgang mit andern positiv zu gestalten oder negativ; wir können Gutes tun oder Schlechtes, Förderliches oder Schädliches.

Daraus kann man Folgendes schließen: Wollen wir, dass unsere Beziehungen sich verbessern, dass sie heilsam sind und uns glücklich machen, so braucht es dreierlei: den Entschluss, etwas zu tun, das Wissen, was dies genau sein soll, und dazu noch den Willen, Gutes zu tun.

Was Ihnen bis jetzt in diesem Buch vorgestellt wurde, setzt eben diesen Willen voraus. Den Willen, das Gleichgewicht in Beziehungen zu entfalten, Einseitigkeiten auszugleichen, Mitgefühl, Großzügigkeit, Sachlichkeit und Selbstverantwortung zu üben. Das alles trägt zur Pflege von liebevollen und heilsamen Beziehungen bei. Alle diese Tugenden sind eingebettet in die Bestrebung, Gutes zu tun und Leiden zu vermeiden.

Zum Abschluss soll nun diese, man könnte sagen, moralische Absicht, anderen möglichst nicht zu schaden, noch gesondert betrachtet werden. Sie sollen erfahren, liebe Leserinnen und Leser, wie dieses Bestreben in Beziehungen grundsätzlich umgesetzt werden kann.

Um das Prinzip sichtbar zu machen, wollen wir eine ganz alltägliche Situation betrachten: das Verhalten im Autoverkehr. Überlegen Sie sich einmal, welches Fahrverhalten Schaden anrichtet und welches nicht? Einfach zu beantworten, nicht wahr? Überhöhtes Tempo zum Beispiel oder das Fahren unter Alkoholeinfluss können leicht zu einem Unfall führen. Vorsichtiges und aufmerksames Fahren hingegen kann vor einem Unglück bewahren. Daraus können wir schließen, dass ein guter Fahrstil die anderen Verkehrsteilnehmer vor Schaden schützt. Wir können daraus aber ebenfalls folgern, dass der Fahrer damit auch selbst vor Schaden bewahrt wird.

Diese Schlussfolgerungen gelten nun aber nicht nur für dieses Beispiel, sondern können weiter gefasst werden. Es ist nämlich ganz allgemein so, dass unser gutes Verhalten die anderen schützt ebenso wie uns selbst. Man könnte dies als einen moralischen Selbstschutz bezeichnen. Dieser bietet anderen Schutz, indem er sie vor unseren eigenen unbeherrschten Leidenschaften und selbstsüchtigen Impulsen bewahrt.

Selbstschutz und Schutz der andern gehen also Hand in Hand. So schützt zum Beispiel unsere Selbstbeherrschung die anderen vor unserer Gewalt und uns selbst vor Rache. Oder sie schützt uns vor

Untreue und die anderen vor Verführung. Sind wir zum Beispiel bei einem Konflikt geduldig und nachsichtig, können wir Streit vermeiden. Wenn wir bei Streitigkeiten höflich und nett bleiben, können wir die Feindseligkeit der anderen überwinden. Bestimmt fallen Ihnen selbst noch viele weitere Beispiele ein.

Wir können nun das Grundprinzip erkennen, welches für unsere Beziehungen untereinander gilt: Indem wir uns selbst schützen, schützen wir die anderen, und indem wir die anderen schützen, schützen wir uns selbst.

Wenn wir dieses Prinzip anwenden und uns sagen: *Ich will mich selbst schützen* und *Ich will die anderen schützen,* dann schaffen wir damit eine sichere Grundlage für einen heilsamen und förderlichen Umgang mit anderen Menschen. Und wir tragen zum Glück und Wohlbefinden aller bei. Und dies, liebe Leserinnen und Leser, ist hoffentlich auch Ihre Absicht!

ANMERKUNGEN

Das vorliegende *Einmaleins der Beziehungen* ist ein Teil der Einmaleins-Trilogie. Diese Reihe geht davon aus, dass ein wirklich guter Umgang mit anderen nur dann möglich ist, wenn wir mit uns selbst gut umgehen können. Dies wiederum hängt davon ab, wie gut wir mit unseren Gefühlen zurechtkommen.

In der Einmaleins-Trilogie ist jedem dieser Themen ein Buch gewidmet. Wenn Sie mehr zum besseren Umgang mit sich selbst wissen möchten, finden Sie dies in dem Band *Das Einmaleins der Gelassenheit*. Haben Sie das Bedürfnis, etwas über den Umgang mit alltäglichen Gefühlen zu erfahren, finden Sie dazu Hinweise in *Das Einmaleins der Achtsamkeit*.

Wenn Sie die ethische Seite des Themas Beziehungen interessiert, finden Sie die Lehrrede des Buddha über den »Schutz durch rechte Achtsamkeit« (Sutta 47,19 Gruppensammlung) übersetzt und kommentiert von Nyanaponika Mahathera in *Zur Erkenntnis geneigt*, Beyerlein und Steinschulte, 1986.